FUNDAMENTOS DE LA FE
ISAÍAS 58 INSTITUTO DE FORMACIÓN MÓVIL

ALL NATIONS INTERNATIONAL   TERESA SKINNER
GORDON SKINNER   AGNES I NUMER

Traducido por
BLANCA E. LEWIS
Edited by
ALFONSO YAÑEZ PEREZ

Fundamentos de Fe
Instituto de Entrenamiento Móvil Isaías 58

Copyright © 2018 por All Nations International
Derechos Reservados.

ISBN:978-1-950123-12-4

El texto Bíblico ha sido tomado de la versión Reina-Valera © 1960 Sociedades Bíblicas en América Latina © renovado 1988 Sociedades Bíblicas Unidas - Utilizado con permiso,
y Santa Biblia, NUEVA VERSIÓN INTERNACIONAL® NVI® © 1999, 2015 por Biblica, Inc.® Usado con permiso de Biblica, Inc.® Todos los derechos reservados en todo el mundo.

Instituto de Entrenamiento Móvil Isaías 58
Disponible para utilizar en programas de entrenamiento.

Para más información o para
pedir copias adicionales de este manual:

email: is58mti@gmail.com
contáctenos en: www.all-nations.org
curso en línea: is58mti.org

Autores: Rev. Teresa Skinner, Rev. Agnes I. Numer, Rev. Gordon Skinner

Agradecimientos especiales: Veronica Sanchez, Aidan Handall, Angela Baron-Jeffrey, Patty Castillo
Transcripción de Sermones: Jennene Jeffrey, Kathy Vanzandt, Karen Offerman
Traducción: Blanca E. Lewis
Editor: Alfonso Yañez Perez

Arte: Julian Peter V. Arias, Jumi Sabbagh, Teresa Skinner
Director de Fotografía. : Monique Handall
Cubierta: Julian Peter V. Arias y Eve Lorraine Rivers Trinidad

Dedicamos este manual:
A aquellos que quieren saber... pero nunca tuvieron un maestro.
A aquellos que buscaron la visión... para correr con ella.
A aquellos que quieren saber «¿Qué sigue?»
A aquellos que son llamados a ser maestros...pero no saben qué enseñar.
A aquellos que buscan a Cristo en Nosotros, ¡la Esperanza de Gloria!

Que este manual te revele a Jesucristo y que la paz que Él ha ordenado para ti este siempre contigo.

ÍNDICE

Introducción	ix
Prefacio	xi
1. Introducción a Las Fundaciones de Fe	1
2. ¿Quien es Dios?	5
Revisión: ¿Quién es Dios?	13
3. ¿Por Qué Dios Creo a la Gente?	15
Revisión: ¿Por Qué Dios Creó a la Gente?	23
4. ¿Qué es el Pecado?	25
Revisión: ¿Qué es el Pecado?	33
5. ¿Quién es Jesús?	37
Revisión: ¿Quién es Jesús?	41
6. ¿Qué es el Arrepentimiento?	43
Revisión: ¿Qué es el Arrepentimiento?	47
7. ¿Qué es la Salvación?	49
Revisión: ¿Qué es la Salvación?	55
8. ¿Qué es el Bautismo en Agua?	57
Revisión: ¿Qué es el Bautismo en Agua?	67
9. ¿Quién Es El Espíritu Santo?	69
Revisión: ¿Quién es El Espíritu Santo?	73
10. ¿Qué es el Bautismo del Espíritu Santo?	75
Revisión: ¿Qué es el Bautismo del Espíritu Santo?	83
11. ¿Qué Debo Hacer Para ser Salvo?	85
12. Sal y haz Discípulos	89
Revisión: Sal y haz Discípulos	97
Respuestas a las Revisiones	99
Agradecimientos	103
Sobre la Autora	105

INTRODUCCIÓN

En 1954, Dios le dio a la Rev. Agnes I. Numer la revelación de Isaías 58. Le dijo: "Este es Mi plan, para Mi iglesia, para el fin de los tiempos". Le mostró aviones, trenes, almacenes, centros de entrenamiento, centros de refugio, distribución de alimentos y mucho más.
    La Rev. Numer estableció centros de entrenamiento donde los líderes recibían una visión, una esperanza, un plan y los principios del Reino de Dios. Esos líderes pusieron en práctica apasionadamente estos principios en los ministerios de todo el mundo. Dios ha sido su Jehová Jireh.
    Dios también le mostró a la Rev. Agnes I. Numer una escuela de ministerio que compartiría estos principios de Su Reino con las naciones. El Instituto de Entrenamiento Móvil Isaías 58 está ahora disponible en formato impreso y libro electrónico.
    Gracias.
    All Nations International

Habacuc 2:2 "2 Y Jehová me respondió, y dijo: Escribe la visión, y declárala en tablas, para que corra el que leyere en ella. 3 Aunque la visión tardará aún por un tiempo, mas se apresura hacia el fin, y no mentirá; aunque tardare, espéralo, porque sin duda vendrá, no tardará".

2 Timoteo 2:2 "Lo que has oído de mí ante muchos testigos, esto encarga a hombres fieles que sean idóneos para enseñar también a otros".

La Rev. Agnes I. Numer, también conocida como la "*Madre Teresa de América*" falleció el 17 de julio de 2010 a los 95 años de edad. Ella ha dejado un tremendo legado.

PREFACIO

A medida que viajamos alrededor del mundo, vemos a pastores y líderes tener complicaciones con "qué enseñar a su gente". Tal vez nunca han tenido entrenamiento en una Escuela Bíblica... y tal vez nunca puedan costearlo.

Nuestro ruego es que Dios leerá esto para ti... que Él impartirá Su Evangelio a tu corazón, que te entrenará y que experimentarás la libertad, el poder de la paz y la capacidad de demostrar Su Amor a las Naciones.

Que todos trabajemos juntos mientras haya tiempo... Que sólo Él sea glorificado.

Deja que Jesús te lleve a las Naciones......

"Y será predicado este evangelio del reino en todo el mundo, para testimonio a todas las naciones; y entonces vendrá el fin". Mateo 24:14

INTRODUCCIÓN A LAS FUNDACIONES
DE FE

Cuando tratamos de explicar quién es Dios, muchas veces nos topamos con un problema: En el mundo actual, mucha gente va a la iglesia, pero no comprenden que el Ser Infinito al que sirven no es ninguna criatura imaginaria y distante, si no que Él es un Amoroso Creador que cuida de cada uno de ellos y que demuestra Su Amor de formas reales y palpables.

Como pastor, debes haber tenido experiencias con personas que resisten el hecho que Dios es real y que hemos sido creados a Su Imagen. Dios aparece en el Antiguo Testamento como el Dios de Abraham, Isaac y Jacob. Él es el Dios que responde con fuego. Él es el Dios que nunca cambia y por siempre es. Él es el Rey de Reyes.

Básicamente, la única manera de conocerlo es conocerlo como Él es - NO como queremos que Él sea.

Por lo tanto, en esta corta introducción, te entregaremos maneras de presentar a Dios y Su persona a otras personas. La estructura que proveemos incluye pequeños videos que ayudan a explicar los principios bíblicos en los cuales puedes edificar tus conversaciones con tus estudiantes. Es nuestra esperanza que, a medida que uses esta estructura básica, Dios te sea revelado.

Es muy importante estar dispuesto a descubrir quién es Dios verdaderamente. A veces pensamos que Dios es creado a nuestra imagen y no nos damos cuenta que hemos sido creados a Su imagen. Dios aparece en el Antiguo Testamento como el Dios de Abraham, Isaac y Jacob. Él es conocido como el Dios que responde con fuego.

Es importante darnos cuenta quién es Dios y que Él quiere regresarnos a la relación y compañerismo que tuvo con nosotros en el principio, en el Jardín del Edén. Él desea que le conozcamos de manera personal e íntima. Tal como caminó con Adán y Abraham, este Padre Increíblemente Amoroso desea que tú y yo lo conozcamos como Él es.

Como descubrimos en Salmos 103:7, " Sus caminos notificó a Moisés, Y a los hijos de Israel sus obras".

Al estudiar las siguientes declaraciones y preguntas, podemos comenzar a permitir que Dios se revele a Si Mismo en tu vida. En esta sección, descubrirás las respuestas a las siguientes preguntas. Es nuestra esperanza que, a medida encuentras las respuestas, **conozcas a Dios**.

Algunas preguntas que contestaremos;
- ¿Quién es Dios?
- ¿Dónde vive Él?
- ¿De qué color es Dios?
- ¿A quién escogió Dios como Su representante?
- ¿Cómo Dios preparó al pueblo Judío?
- ¿Por qué es esto importante para nosotros?

¿QUIEN ES DIOS?

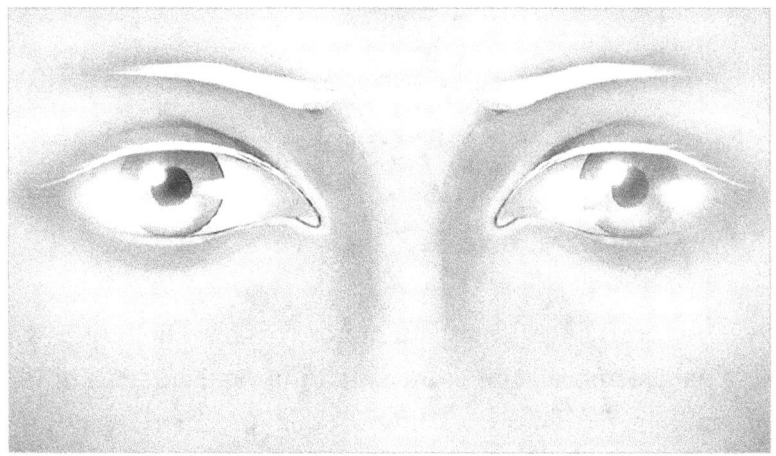

*E*n el mundo actual, mucha gente va a la iglesia, pero no se dan cuenta del Ser Infinito al que sirven. Nosotros pensamos que Dios fue creado a nuestra imagen, pero no nos damos cuenta **que somos creados a Su imagen**.

En el Antiguo Testamento, Dios aparece como el Dios de Abraham, Isaac y Jacob y el Dios que responde con fuego.

Conozcámoslo por quién Él es…no por quien queremos que Él sea.

Estudia las siguientes declaraciones y preguntas y **permite que Dios te sea revelado.**

¿QUIÉN ES DIOS?

Ver Video: Génesis: Creación

Dios era…antes de que fuéramos creados. Dios era, es y será para siempre. Dios es un Ser Infinito que no tiene ni principio ni fin. Dios era…antes de que fuéramos creados y seguirá acá después de que muramos. Como leemos en Génesis, Dios hizo; Él creó todo – cielo y tierra y toda cosa viva. Dios también hizo al hombre a Su propia imagen.

Génesis 1:1: En el principio creo Dios los cielos y la tierra.

El hizo al hombre a Su Imagen. El hombre no hizo la imagen de Dios.

Toma unos minutos para **ver el video Génesis:**

Creación. Mientras ves el video, observa la grandeza de la creación de Dios y como Él creo el mundo, las estrellas, los planetas, el agua. Dios te creó a ti y a mí.

Génesis 1:26: Entonces dijo Dios: Hagamos al hombre a nuestra imagen, conforme a nuestra semejanza; y señoree en los peces del mar, en las aves de los cielos, en las bestias, en toda la tierra, y en todo animal que se arrastra sobre la tierra. 27 Y creó Dios al hombre a su imagen, a imagen de Dios lo creó; varón y hembra los creó.

El hombre fue creado a la imagen de Dios. ¿Cuál es Su imagen? ¿Cuál es Su personalidad? ¿Cómo se siente Dios sobre Su gente? ¿Cómo se siente Dios sobre ti?

Dios creó todas las cosas para Su placer. Él nos creó a ti y a mí para Su placer. Dios es tan grande, y aun así es lo suficientemente grande para vivir dentro de nuestros corazones. Se tomará el tiempo para escuchar nuestros pensamientos y oraciones.

Dios es... celoso por ti.

Dios quiere lo mejor para ti. Él sabe que el pecado causa muerte y destrucción. Es por eso que Él nos dio mandamientos sobre cómo vivir. La Biblia es como un manual de instrucciones. Es Su palabra escrita para que el hombre entienda Sus caminos y Sus mandamientos.

Éxodo 34:14: Porque no te has de inclinar a ningún otro dios, pues Jehová, cuyo nombre es Celoso, Dios celoso es.

Dios es... misericordioso, clemente, tardo para la ira, abundante en bondad y verdad...

Éxodo 34:6: Y pasando Jehová por delante de él, proclamo: ¡Jehová! ¡Jehová! fuerte, misericordioso y piadoso, tardo para la ira, y abundante en misericordia y verdad;

Salmo 145:8: Clemente y misericordioso es Jehová, Lento para la ira, y grande en misericordia.

¿DÓNDE VIVE ÉL?

Dios vive…en el cielo y en nuestros corazones.

Cuando le pedimos a Jesús que nos perdone por nuestros pecados y que entre a nuestros corazones, Él lo hará. Dios nos hizo para Su placer y Su gloria. Él quiere una relación íntima con nosotros. Por eso nos creó en el principio.

Efesios 2:21-22 (NVI)

21 En él todo el edificio, bien armado, se va levantando para llegar a ser un templo santo en el Señor; 22 En él también ustedes son edificados juntamente para ser morada de Dios por su Espíritu.

Dios tiene… Su propio Reino y Su propia Nacionalidad.

Muchas veces la gente piensa que Dios es como su Padre o sus amigos. Él no es así. Dios tiene Su propia cultura, Su propia manera de expresarse. Nosotros no podemos controlarlo. Él es Dios.

Lucas 11:2 Y les dijo: Cuando oréis, decid: Padre nuestro que estas en los cielos, santificado sea tu nombre. Venga tu reino. Hágase tu voluntad, como en el cielo, así también en la tierra.

Juan 18:36 Respondió Jesús: Mi reino no es de este mundo… pero ahora mi reino no es de aquí.

¿DE QUÉ COLOR ES DIOS?

Ver Video: "¿De qué color es Dios?"

DIOS ES... LUZ – LA LUZ ES LA PRESENCIA DE TODOS LOS COLORES.

I Juan 1:5: Este es el mensaje que hemos oído de él, y os anunciamos: Dios es luz, y no hay ningunas tinieblas en él.

Dios NO es... blanco, café, amarillo o negro.

Dios es... todos los colores – TODO hombre es creado a Su imagen.

Cuando vemos dibujos de Dios, estas son solamente ideas que el hombre ha creado. La Palabra de Dios dice que Él creó al hombre a Su imagen. Él no dijo un hombre en específico, sino que todo hombre, es creado por Dios a Su imagen.

Génesis 1:27: Y creó Dios al hombre a su imagen, a imagen de Dios lo creó, varón y hembra los creó.

¿A QUIÉN ESCOGIÓ DIOS COMO SU REPRESENTANTE?

Históricamente, **Dios escogió**…a Israel, el pueblo Judío. Dios los preparó por más de 4,000 años para traer a su hijo Jesús, el Mesías, a la tierra.

Deuteronomio 7:6 Porque tú eres pueblo santo para Jehová tu Dios; Jehová tu Dios te ha escogido para serle un pueblo especial, más que todos los pueblos que están sobre la tierra.

Hoy, *Dios escoge*…*a aquellos que tienen oídos para oír*.

1 Pedro 2:9-10 Mas vosotros sois linaje escogido, real sacerdocio, nación santa, pueblo adquirido por Dios, para que anuncies las virtudes de aquel que os llamo de las tinieblas a su luz admirable; 10 vosotros que en otro tiempo no erais pueblo, pero que ahora sois pueblo de Dios, que en otro tiempo no habíais alcanzado misericordia, pero ahora habéis alcanzado misericordia.

¿CÓMO DIOS PREPARÓ AL PUEBLO JUDÍO?

Dios les mostró…por Sí Mismo.

Dios pasó tiempo con Adán y Eva en el Jardín del Edén. Él les enseñó cómo cuidar el jardín y cómo cuidarse a ellos mismos. Cuando leemos el libro del Éxodo, vemos que Dios estaba diariamente con los Israelitas, guiándolos con una nube de día y con fuego de noche. Por más de 40 años, Dios los alimentó con Su mano hasta que llegaron a la Tierra Prometida.

Dios les enseñó cómo relatar sus historias hasta el día en que pudieran escribirlas. Él les enseñó que era importante que compartieran Sus caminos y mandamientos con sus hijos y los hijos de sus hijos.

Dios les enseño la moralidad—lo correcto y lo incorrecto.

Dios se tomó más de 4,000 años para preparar a Israel para que Jesús pudiera llegar a ellos.

• Adán a Abraham - 2,000 años (*20 generaciones*)
• Abraham a Jesús - 2,000 años (*55 generaciones*)
• Jesús al Presente - 2,000 años

Mateo 1:17

De manera que todas las generaciones desde Abraham hasta David son catorce; desde David hasta la deportación a Babilonia, catorce; y desde la deportación a Babilonia hasta Cristo, catorce.

¿POR QUE ES ESTO IMPORTANTE PARA NOSOTROS?

Es importante que nos demos cuenta de quién es Dios y que Él quiere devolvernos la relación y el compañerismo que tenía con nosotros en el principio en el Jardín del Edén. Él desea que le conozcamos personal e íntimamente. Tal como caminó con Adán y Abraham, este increíble Ser desea que tú y yo le conozcamos como Él es.

Salmo 103:7 Sus caminos notifico a Moisés, Y a los hijos de Israel sus obras.

Para... que conozcamos a **Dios**.

REVISIÓN: ¿QUIÉN ES DIOS?

1. Algunas personas ven a Dios como una criatura imaginaria y distante.
   a. Verdadero
   b. Falso

2. Debemos _____ a Dios por lo que Él es, no como _____ que Él sea.

3. A veces, nosotros _____ que Dios es creado a nuestra imagen, y no nos _____ _____ que fuimos creados a Su _____.

4. Dios era...antes de que fuéramos creados. Dios era, es y será para siempre.
   a. Verdadero
   b. Falso

5. La Biblia es como un manual de instrucciones. Es Su palabra escrita para el hombre para que:
    a. sepamos cómo pecar libremente
    b. entendamos Sus caminos y Sus mandamientos
    c. vivamos la vida a nuestra manera y aun así lleguemos al cielo.

6. Dios _____ al pueblo Judío _____ Él mismo.

7. Dios tiene Su propio Reino y Su propia Nacionalidad.
    a. Verdadero
    b. Falso

8. ¿De qué color es Dios?
    a. Negro
    b. Blanco
    c. Amarillo
    d. Verde
    e. Rojo
    f. Es luz
    g. Es oscuridad

¿POR QUÉ DIOS CREO A LA GENTE?

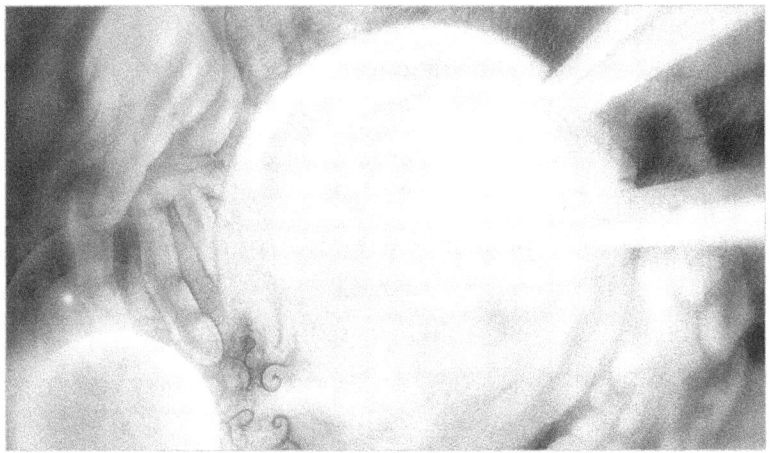

Dios tiene todo y puede hacer cualquier cosa…¿así que para que creo gente?

¿POR QUÉ DIOS CREO A LA GENTE?

Dios lo tiene todo, puede hacer cualquier cosa y es tan completo en sí mismo que no necesita nada, así que, ¿para qué creo a la gente?

Ya que Dios sabe todo, Él sabía que Su hermosa gente, Adán y Eva, iban a pecar. Él sabía que Su perfecta creación seria dañada por la muerte y destrucción, que vendría a consecuencia de vivir lejos de Dios, entonces, ¿por qué creo a la gente?

Dios creo a la gente porque Él quería tener un pueblo que escogiera libremente conocerle, hablar con Él y vivir siempre junto con Él. El gran y Amoroso Corazón Paternal de Dios quiso compartir con un pueblo que fuese suyo. Él sabía que tendría un pueblo que lo amaría y que viviría con Él para siempre. Él sabía que, si varias personas conocieran cuan maravillosamente hermoso Él es, ellas mismas le hablarían a otras acerca de Él.

Levítico 26:12 y andaré entre vosotros, y yo seré vuestro Dios, y vosotros seréis mi pueblo.

Isaías 43:21 Este pueblo he creado para mí; mis alabanzas publicará

Estudia las siguientes preguntas y permite que Dios te revele por qué creo a la gente.

¿CÓMO DIOS CREÓ A LA GENTE?

El hombre fue formado por Dios a partir del polvo. Fue creado a la imagen de Dios para tener dominio sobre toda cosa viva, para tener hijos, y someter la tierra.

Génesis 1: 26 Entonces dijo Dios: Hagamos al hombre a

nuestra imagen, conforme a nuestra semejanza; y señoree en los peces del mar, en las aves de los cielos, en las bestias, en toda la tierra, y en todo animal que se arrastra sobre la tierra.

27 Y creó Dios al hombre a su imagen, a imagen de Dios lo creó; varón y hembra los creó.

Génesis 2:7 Entonces Jehová Dios formó al hombre del polvo de la tierra, y sopló en su nariz aliento de vida, y fue el hombre un ser viviente.

Dios vio que Adán estaba solo, así que hizo una mujer, Eva, de una costilla que tomó del costado de Adán .

Génesis 2:18 Y dijo Jehová Dios: No es bueno que el hombre esté solo; le haré ayuda idónea para él.

Génesis 2:21 Entonces Jehová Dios hizo caer sueño profundo sobre Adán, y mientras éste dormía, tomó una de sus costillas, y cerró la carne en su lugar. 22 Y de la costilla que Jehová Dios tomó del hombre, hizo una mujer, y la trajo al hombre.

¿CÓMO ESTAMOS CREADOS A LA IMAGEN DE DIOS?

Cuando alguien te dice "eres igual a tu padre." Ellos dicen que hablas, caminas, piensas y actúas como tu padre o que tienes habilidades especiales como él. Cuando Dios nos creó, Él nos dio habilidades especiales y características como las que Él tiene. Nosotros tenemos habilidades espirituales para conocer a Dios, para hablar con Él y estar conscientes de su presencia.

Tenemos el libre albedrío- podemos escoger.

Somos creativos- podemos crear.

Tenemos inteligencia- podemos pensar, aprender y entender.

Tenemos autoridad- podemos reinar (podemos someter, dominar, organizar)

¿QUÉ ERA EL JARDÍN DEL EDÉN?

Imagina un lugar – un espléndido jardín o parque donde no hay dolor, sufrimiento ni tormento. Todo lo que necesitas crece naturalmente. Los animales viven en paz. Nadie pelea o se enfada, no hay malas actitudes o palabras crueles. Juntos, Dios y Su gente, caminaban y platicaban juntos por las frescas tardes. Todo era perfecto.

Esto es lo que Dios hizo en el principio – para la gente que Él amaba.

Génesis 2:8 Y Jehová Dios plantó un huerto en Edén, al oriente; y puso allí al hombre que había formado. 9 Y Jehová Dios hizo nacer de la tierra todo árbol delicioso a la vista, y bueno para comer; también el árbol de vida en medio del huerto, y el árbol de la ciencia del bien y del mal.

¿CUÁL FUE EL ÚNICO NO?

NO comas del Árbol del Conocimiento del bien y el mal.

Rebeldía, desobediencia, obstinación, mentiras, indiscreción, culpa, vergüenza, desconfianza, sospecha –

muchos pecados fueron instigados por el NO que Dios le dio a Adán y Eva. No necesitamos muchas leyes o reglas para incitar nuestra naturaleza pecadora. No nos gusta que nos digan qué hacer, pero nos encanta hacer "**nuestra propia voluntad a nuestra manera**" y no a la manera de Dios.

Génesis 2:16 Y mandó Jehová Dios al hombre, diciendo: De todo árbol del huerto podrás comer; 17 mas del árbol de la ciencia del bien y del mal no comerás; porque el día que de él comieres, ciertamente morirás.

¿QUIÉN ES EL ÚNICO ENEMIGO DE DIOS?

Dios tiene un enemigo, que es maligno y odia a Dios y Su gente. No quiere que Dios tenga un pueblo que Le ame. Este enemigo hará todo lo que pueda para detener el plan de Dios. El nombre de este enemigo es Satanás o "el Diablo". Él fue al Jardín del Edén disfrazado como una serpiente para plantar sugerencias en las mentes de Adán y Eva. Sus herramientas tergiversaron la verdad, acusaron a Dios, engañaron a Eva y mintieron. Su propósito era robar, matar y destruir.

Génesis 3:1 Pero la serpiente era astuta, más que todos los animales del campo que Jehová Dios había hecho; la cual dijo a la mujer: ¿Conque Dios os ha dicho: ¿No comáis de todo árbol del huerto? 2 Y la mujer respondió a la serpiente: Del fruto de los árboles del huerto podemos comer; 3 pero del fruto del árbol que está en medio del huerto dijo Dios: No comeréis de él, ni le tocaréis, para que no muráis. 4 Entonces la serpiente dijo a la mujer: No moriréis; 5 sino que sabe Dios que el día que comáis de él, serán abiertos vuestros ojos, y seréis como Dios, sabiendo el bien y el mal. 6 Y vio la mujer que el árbol era bueno para comer, y que era agradable a los ojos, y árbol codiciable para alcanzar la sabiduría; y tomó de su fruto, y comió; y dio también a su marido, el cual comió, así como ella. 7 Entonces fueron abiertos los ojos de ambos, y conocieron que estaban desnudos; entonces cosieron hojas de higuera, y se hicieron delantales. 8 Y oyeron la voz de Jehová Dios que se paseaba en el huerto, al aire del día; y el hombre y su mujer se escondieron de la presencia de Jehová Dios entre los árboles del huerto. 9 Mas Jehová Dios llamó al hombre, y le dijo: ¿Dónde estás tú? 10 Y él respondió: Oí tu voz en el huerto, y tuve miedo, porque estaba desnudo; y me escondí. 11 Y Dios le dijo: ¿Quién te enseñó que estabas desnudo? ¿Has comido del árbol de que yo te mandé no comieses? 12 Y el hombre respondió: La mujer que me disté por compañera me dio del árbol, y yo comí. 13 Entonces Jehová Dios dijo a la mujer: ¿Qué es lo que has hecho? Y dijo la mujer: La serpiente me engañó, y comí.

UN PECADO, MUCHAS CONSECUENCIAS

Adán y Eva sufrieron muchas consecuencias o "pagos" por su pecado.

Génesis 3:16 A la mujer dijo: Multiplicaré en gran manera los dolores en tus preñeces; con dolor darás a luz los hijos; y tu deseo será para tu marido, y él se enseñoreará de ti. 17 Y al hombre dijo: Por cuanto obedeciste a la voz de tu mujer, y comiste del árbol de que te mandé diciendo: No comerás de él; maldita será la tierra por tu causa; con dolor comerás de ella todos los días de tu vida. 18 Espinos y cardos te producirá, y comerás plantas del campo. 19 Con el sudor de tu rostro comerás el pan hasta que vuelvas a la tierra, porque de ella fuiste tomado; pues polvo eres, y al polvo volverás.

El hombre ya no siguió caminando ni hablando con Dios. Problemas y dificultades vinieron de muchos lados. El mundo se hizo un lugar feo en el cual vivir – debido al pecado.

Dios les había dicho todas las cosas que sucederían sí desobedecían su único "NO". Estas cosas se llaman "Muerte".

Ahora el hombre nace con la tendencia a pecar.

…está en nuestro ADN.

Romanos 5: 12 Por tanto, como el pecado entró en el mundo por un hombre, y por el pecado la muerte, así la muerte pasó a todos los hombres, por cuanto todos pecaron.

La gente ha perdido sus características "inspiradas por Dios". Han perdido la fuerza para crear o escoger lo correcto. Se han hecho esclavos al pecado. La gente sigue separada del Dios que los creó para su compañerismo con Él. El diablo sigue mintiendo y engañando a la gente, y continúa haciendo que el pecado se vea atractivo y le echa la culpa a Dios por "ocultarnos cosas".

¿DÓNDE ESTÁ NUESTRA ESPERANZA?

El plan de Dios es más grande que nuestras debilidades y desobediencias. Él es más sabio que el Diablo que roba y destruye. El plan de Dios es más fuerte que el mismo

Pecado. Nuestra Esperanza nos dirige a un Salvador, una solución, una reparación de nuestra quebrantada relación. La vida y la muerte del hijo de Dios devolverán al hombre a la relación correcta con Dios Padre si aceptamos a Jesús, la provisión de Dios, y una vez más, nos convertimos en Su pueblo y dejamos que Él se convierta en nuestro Dios.

DIOS QUIERE que seas Uno de Su Pueblo. Dios te ama y quiere que le conozcas y aprendas Sus caminos. Él te salvara de las mentiras del diablo y ataduras del pecado. **Dios quiere restaurar** en ti Sus características especiales que Él le dio a Adán. **Dios quiere traerte de nuevo** a "la imagen de Dios". Tú volverás a ser de Su Pueblo **y Él será tu Dios**. Aprenderás a conocerle, a caminar con Él y hablar con Él.

REVISIÓN: ¿POR QUÉ DIOS CREÓ A LA GENTE?

1. Dios creó a la gente porque:
   a. Se sentía solo
   b. Le faltaba alguien que lo amara
   c. Quería un pueblo que eligiera libremente vivir con Él para siempre
   d. Los ángeles no eran capaces de satisfacer Su necesidad de amor

2. ¿Cómo Dios creó a la gente?
   a. Mediante Su habla
   b. Formó al hombre a partir del polvo
   c. Le dio cuerpos humanos a los ángeles
   d. Hizo que evolucionara desde formas de vida más bajas

3. Ser creado a imagen y semejanza de Dios significa que:
   a. Al igual que Él, tenemos libre albedrío para elegir
   b. Al igual que Él, tenemos la habilidad de crear

4. ¿Qué propósito tenía Satanás cuando engañó a Eva?
a. Sabotear su relación con Dios
b. Destruir el plan de Dios para el hombre
c. Separar al hombre de Dios
d. Todo lo anterior

5. ¿Cuáles son las consecuencias del pecado del hombre?
a. El hombre nace ahora con una tendencia a pecar
b. El hombre se convirtió en un esclavo del pecado
c. El mundo hermosamente creado se convirtió en un lugar difícil de vivir
d. Todo lo anterior

6. ¿Qué esperanza hay para el hombre?
a. Aceptando al Hijo de Dios como nuestro salvador, podemos volver a ser Su pueblo
b. Si nos esforzamos más y vivimos correctamente, Dios podría volver a aceptarnos
c. Si hacemos todo lo correcto, podríamos ganar Su amistad
d. Leer y seguir la Biblia lo mejor que podamos

¿QUÉ ES EL PECADO?

Isaías 59: 2 pero vuestras iniquidades han hecho división entre vosotros y vuestro Dios, y vuestros pecados han hecho ocultar de vosotros su rostro para no oír. Las Escrituras nos dicen que él pecado nos separa de Dios.

En nuestro mundo, muchos no quieren enfrentar el pecado. Quieren pensar que lo que están haciendo es lo correcto y no quieren cambiar. Pero el Dios de Abraham, Isaac y Jacob dice que el pecado nos separa de Él. Debemos buscar en Su rostro acerca de lo que Él dice que es pecado y lo que tenemos que hacer al respecto. Entonces veremos Su rostro y oiremos Sus palabras.

Estudia las siguientes declaraciones y preguntas y permite que Dios te muestre lo que Él llama pecado, cómo Él dice que te afectará y qué debemos hacer con el pecado.

Pecar es hacer cosas para las que no fuimos creados.

¿Es pecado lo que estoy haciendo? Hazte estas preguntas:

- ¿Te está envejeciendo más rápido?
- ¿Te está enfermando?
- ¿Tienes que justificarlo o constantemente decirte a ti mismo que es lo correcto?
- ¿Te sentiste culpable cuando empezaste a hacerlo?
- ¿Tienes que evitar hacerlo demasiado?
- ¿Es pecado?

Romanos 6:23 Porque la paga del pecado es muerte, más la dádiva de Dios es vida eterna en Cristo Jesús Señor nuestro.

¿QUE ES LO QUE DIOS LLAMA PECADO?

Los Diez Mandamientos

Éxodo 20:1 Y habló Dios todas estas palabras, diciendo:

2 Yo soy Jehová tu Dios, que te saqué de la tierra de Egipto, de casa de servidumbre.

3 No tendrás dioses ajenos delante de mí.

4 No te harás imagen, ni ninguna semejanza de lo que esté arriba en el cielo, ni abajo en la tierra, ni en las aguas debajo de la tierra.

5 No te inclinarás a ellas, ni las honrarás; porque yo soy Jehová tu Dios, fuerte, celoso, que visito la maldad de los padres sobre los hijos hasta la tercera y cuarta generación de los que me aborrecen,

6 y hago misericordia a millares, a los que me aman y guardan mis mandamientos.

7 No tomarás el nombre de Jehová tu Dios en vano; porque no dará por inocente Jehová al que tomare su nombre en vano.

8 Acuérdate del día de reposo para santificarlo.

9 Seis días trabajarás, y harás toda tu obra;

10 más el séptimo día es reposo para Jehová tu Dios; no hagas en él obra alguna, tú, ni tu hijo, ni tu hija, ni tu siervo, ni tu criada, ni tu bestia, ni tu extranjero que está dentro de tus puertas.

11 Porque en seis días hizo Jehová los cielos y la tierra, el mar, y todas las cosas que en ellos hay, y reposó en el séptimo día; por tanto, Jehová bendijo el día de reposo y lo santificó.

12 Honra a tu padre y a tu madre, para que tus días se alarguen en la tierra que Jehová tu Dios te da.

13 No matarás.

14 No cometerás adulterio.

15 No hurtarás.

16 No hablarás contra tu prójimo falso testimonio.

17 No codiciarás la casa de tu prójimo, no codiciarás la mujer de tu prójimo, ni su siervo, ni su criada, ni su buey, ni su asno, ni cosa alguna de tu prójimo.

El pecado nos separa de Dios. Dios quiere que regresemos a la relación y compañerismo que Él tenía con nosotros al comienzo, en El Jardín del Edén.

Mateo 6:24 Ninguno puede servir a dos señores; porque o aborrecerá al uno y amará al otro, o estimará al uno y menospreciará al otro. No podéis servir a Dios y a las riquezas.

Núm. 15:37 Y Jehová habló a Moisés, diciendo: 38 Habla a los hijos de Israel, y diles que se hagan franjas en los bordes de sus vestidos, por sus generaciones; y pongan en cada franja de los bordes un cordón de azul. 39 Y os servirá de franja, para que cuando lo veáis os acordéis de todos los mandamientos de Jehová, para ponerlos por obra; y no miréis en pos de vuestro corazón y de vuestros ojos, en pos de los cuales os prostituyáis. 40 Para que os acordéis, y hagáis todos mis mandamientos, y seáis santos a vuestro Dios. 41 Yo Jehová vuestro Dios, que os saqué de la tierra de Egipto, para ser vuestro Dios. Yo, Jehová, vuestro Dios.

¿QUÉ ES LO QUE DEBEMOS DE HACER CON RESPECTO AL PECADO?

- Huir del Pecado.
  - Someternos a Dios.
  - Resistir al diablo.
  - Acercarnos a Dios.
  - Limpiar nuestras manos.
  - Purificar nuestros corazones.
  - Decidirnos.
  - Arrepentirnos de nuestros pecados.
  - Humillarnos ante Dios.

1 Corintios 6:18 Huid de la fornicación. Cualquier otro pecado que el hombre cometa, está fuera del cuerpo; mas el que fornica, contra su propio cuerpo peca. **Sométete a Dios.** Someter: Cederse a la sabiduría de Dios y su dirección. Santiago 4:7 Someteos, pues, a Dios; resistid al diablo, y huirá de vosotros. 8 Acercaos a Dios, y él se acercará a vosotros. Pecadores, limpiad las manos; y vosotros los de doble ánimo, purificad vuestros corazones. 9 Afligíos, y lamentad, y llorad. Vuestra risa se convierta en lloro, y vuestro gozo en tristeza. 10 Humillaos delante del Señor, y él os exaltará.

¿QUÉ HACEMOS SI PECAMOS?

Tenemos que ver el pecado como Dios lo ve; sin excusa alguna. Debemos Arrepentirnos.

¿QUÉ ES EL ARREPENTIMIENTO?

El Arrepentimiento es ver el pecado que hemos cometido de la manera que Dios lo ve. Cuando esto sucede, nos arrepentimos de lo que hemos hecho y nos alejamos… hay veces que tenemos que huir de ello.

2 Corintios 7:10 (NVI) La tristeza que proviene de Dios produce el arrepentimiento que lleva a la salvación, de la cual no hay que arrepentirse, mientras que la tristeza del mundo produce la muerte.

El Lamento Humano no es Arrepentimiento
Hebreos 12:16 no sea que haya algún fornicario, o profano, como Esaú, que por una sola comida vendió su

primogenitura. 17 Porque ya sabéis que aun después, deseando heredar la bendición, fue desechado, y no hubo oportunidad para el arrepentimiento, aunque la procuró con lágrimas.

¿QUÉ OCURRE SI SOMOS DÉBILES AL PECADO?

La razón porque Dios envió a Jesús su único Hijo para morir en la cruz por nosotros, fue porque SOMOS débiles al pecado. El proceso de renacer verdaderamente crea en nosotros una nueva criatura y, a través de esta naturaleza, Dios nos da poder sobre el pecado. Esto es el poder de Dios.

Mateo 5:6 Bienaventurados los que tienen hambre y sed de justicia, porque ellos serán saciados.

Mateo 5:8 Bienaventurados los de limpio corazón, porque ellos verán a Dios.

Dios trabajará con aquellos que quieren trabajar con Él.

Lucas 12:32 No temáis, manada pequeña, porque a vuestro Padre le ha placido daros el reino.

Filipenses 2:12 Por tanto, amados míos, como siempre habéis obedecido, no como en mi presencia solamente, sino mucho más ahora en mi ausencia, ocupaos en vuestra salvación con temor y temblor, 13 porque Dios es el que en vosotros produce así el querer como el hacer, por su buena voluntad.

Isaías 26:12 Jehová, tú nos darás paz, porque también hiciste en nosotros todas nuestras obras. 13 Jehová Dios nuestro, otros señores fuera de ti se han enseñoreado de nosotros; pero en ti solamente nos acordaremos de tu nombre. 14 Muertos son, no vivirán; han fallecido, no resucitarán; porque los castigaste, y destruiste y deshiciste todo su recuerdo.

¿QUÉ ES LO QUE LA BIBLIA LLAMA PECADO?

Gálatas 5:19 Y manifiestas son las obras de la carne, que son: adulterio, fornicación, inmundicia, lascivia, 20 idolatría, hechicerías, enemistades, pleitos, celos, iras, contiendas, disensiones, herejías, 21 envidias, homicidios, borracheras, orgías, y cosas semejantes a estas; acerca de las cuales os amonesto, como ya os lo he dicho antes, que los que practican tales cosas no heredarán el reino de Dios.

Nueva Versión Internacional
Gálatas 5:19 Cuando ustedes siguen los deseos de la naturaleza pecaminosa, los resultados son más que claros: inmoralidad sexual, impureza, pasiones sensuales, 20 idolatría, hechicería, hostilidad, peleas, celos, arrebatos de furia, ambición egoísta, discordias, divisiones, 21 envidia, borracheras, fiestas desenfrenadas y otros pecados parecidos. Permítanme repetirles lo que les dije antes: cualquiera que llevé esa clase de vida no heredará el reino de Dios. (NVV)

PECAR también es NO HACER aquello para lo cual hemos sido creados.

En nuestras vidas, Dios nos entrega mandamientos e instrucciones que seguir. Estos son para nuestro bien. Es para hacernos la persona que Él creo. También es para beneficio de otros. El no obedecer a Dios es pecado.

Lee la Parábola de las diez vírgenes en Mateo 25:1-13
Deuteronomio 30:20 amando a Jehová tu Dios, atendiendo a su voz, y siguiéndole a él; porque él es vida

para ti, y prolongación de tus días; a fin de que habites sobre la tierra que juró Jehová a tus padres, Abraham, Isaac y Jacob, que les había de dar.

Jonás 1:1 Vino palabra de Jehová a Jonás hijo de Amitai, diciendo: 2 Levántate y ve a Nínive, aquella gran ciudad, y pregona contra ella; porque ha subido su maldad delante de mí. 3 Y Jonás se levantó para huir de la presencia de Jehová a Tarsis, y descendió a Jope, y halló una nave que partía para Tarsis; y pagando su pasaje, entró en ella para irse con ellos a Tarsis, lejos de la presencia de Jehová.

REVISIÓN: ¿QUÉ ES EL PECADO?

1. El pecado es hacer lo que hemos sido creados para hacer.
   a. Verdadero
   b. Falso

2. El pecado es hacer lo que no fuimos creados para hacer. El pecado nos _____.

3. No te harás _____ ni ninguna _____, de lo que esté _____ en el cielo, ni _____, ni en las aguas debajo de la tierra.

4. No tomarás el _____ de Jehová tu _____ en vano; porque no dará por _____ Jehová al que tome su nombre en _____.

5. "Y os servirá de franja, para que cuando lo veáis os _____ de _____ los mandamientos de Jehová, para ponerlos por _____; y no miréis en pos de vuestro

_____ y de vuestros _____, en pos de los cuales os prostituyáis.

6. Debemos huir del pecado.
   a. Verdadero
   b. Falso

7. Deberíamos ponernos del lado del diablo.
   a. Verdadero
   b. Falso

8. Debemos acercarnos a Dios.
   a. Verdadero
   b. Falso

9. Debemos resistir al diablo.
   a. Verdadero
   b. Falso

10. Debemos someternos o ceder a la sabiduría y dirección de Dios.
    a. Verdadero
    b. Falso

11. ¿Qué NO es el arrepentimiento?
    a. Humillarse ante el Señor
    b. alejarse del pecado
    c. arrepentimiento humano
    d. pedir perdón al Señor

12. Lo que la Biblia llama pecado: "Y manifiestas son las obras de la carne, que son: adulterio, _____, inmundicia, _____, idolatría, hechicerías, _____, pleitos, celos, _____, contiendas, _____, herejías, _____, homicidios, _____, orgías, y cosas semejantes a estas; como ya os lo he dicho antes, que los que_____ _____ _____ no _____ el reino de Dios."

13. El pecado también es no hacer aquello para lo que fuimos _____ para hacer.

14. El arrepentimiento es:
   a. huir del pecado
   b. sentir lástima por lo que hemos hecho y alejarnos de ello
   c. ignorar las correcciones y seguir pecando
   d. a y b

¿QUIÉN ES JESÚS?

*a*hora entendemos que **el pecado nos separa de Dios.** Todos hemos pecado pero, ¿qué hacemos ahora? Esta separación es muy real.

A veces, sentimos esa separación y que tenemos que emprender un viaje para encontrar a Dios. Necesitamos que algo suceda para poder entrar de nuevo a esa relación con ese Increíble e Infinito Ser—el Dios de Abraham, Isaac y Jacob.

Estudia las siguientes declaraciones y preguntas y permite que Jesús te sea revelado.

¿POR QUÉ ESTAMOS SEPARADOS DE DIOS?

Dios el Creador del universo caminó con Adán y Eva en el jardín. Adán peco.

El pecado de Adán lo separó de Dios e igualmente separó a sus descendientes. *Algo muy simple pero muy asombroso.*

Génesis 3:23 Y lo sacó Jehová del huerto del Edén, para qué labrase la tierra de que fue tomado. 24 Echó, pues, fuera al hombre, y puso al oriente del huerto de Edén querubines, y una espada encendida que se revolvía por todos lados, para guardar el camino del árbol de la vida.

Adán y Eva son maldecidos y se quedan solos.

Para que nuestros pecados fueran perdonados, el costo fue una vida y derramamiento de sangre. Dios llamó a esto un sacrificio.

Levítico 4:35 Y le quitará toda su grosura, como fue quitada la grosura del sacrificio de paz, y el sacerdote la hará arder en el altar sobre la ofrenda encendida a Jehová; y le hará el sacerdote expiación de su pecado que habrá cometido, y será perdonado.

Muchas religiones alrededor del mundo tienen ceremonias que incluyen el sacrificio del derramamiento de sangre para el perdón de los pecados. Es asombroso que personas que nunca han oído de este Dios reconozcan que el pecado nos ha separado de alguien.

¿QUIÉN ES JESÚS?

Jesús es el Hijo de Dios.

Juan 3:16 Porque de tal manera amó Dios al mundo, que ha dado a su Hijo unigénito, para que todo aquel que en él cree, no se pierda, más tenga vida eterna.

Jesús es Emmanuel - Dios en la tierra.

Mateo 1:23 He aquí, una virgen concebirá y dará a luz un hijo, Y llamarás su nombre Emanuel, m que traducido es: Dios con nosotros.

Jesús se hizo Hombre para salvar al Hombre.

Mateo 1:21 Y dará a luz un hijo, y llamarás su nombre JESÚS, porque él salvará a su pueblo de sus pecados.

Dios envió a Jesús para que el fuera "**El Sumo Sacrificio**".

Jesús se convirtió en el Sacrificio por Nuestros Pecados.

Juan 1:29 El siguiente día vio Juan a Jesús que venía a él, y dijo: He aquí el Cordero de Dios, que quita el pecado del mundo.

Una vez al año, se hacían sacrificios por los pecados del hombre. Jesús fue el Sumo Sacrificio, porque cuando Él murió en la cruz, ya no hubo necesidad de más sacrificios. Jesús no solamente quita nuestros pecados del pasado, presente y futuro, también trabaja en nuestros corazones para que no sigamos viviendo en pecado.

I Juan 1:7 pero si andamos en luz, como él está en luz, tenemos comunión unos con otros, y la sangre de Jesucristo su Hijo nos limpia de todo pecado.

JESÚS NOS DEVOLVIÓ AL PADRE.

Juan 20:17 Jesús le dijo: No me toques, porque aún no he subido a mi Padre; mas ve a mis hermanos, y diles: Subo a mi Padre y a vuestro Padre, a mi Dios y a vuestro Dios.

El Sumo Sacrificio de Jesús lo hace ser Nuestro Salvador.

Mateo 1:21 Y dará a luz un hijo, y llamarás su nombre JESÚS, porque él salvará a su pueblo de sus pecados.

Juan 1:1 En el principio era el Verbo, y el Verbo era con Dios, y el Verbo era Dios. 2 Este era en el principio con Dios. 3 Todas las cosas por él fueron hechas, y sin él nada de lo que ha sido hecho, fue hecho. 4 En él estaba la vida, y la vida era la luz de los hombres. 5 La luz en las tinieblas resplandece, y las tinieblas no prevalecieron contra ella.
6 Hubo un hombre enviado de Dios, el cual se llamaba Juan. 7 Este vino por testimonio, para que diese testimonio de la luz, a fin de que todos creyesen por él. 8 No era él la luz, sino para qué diese testimonio de la luz. 9 Aquella luz verdadera, que alumbra a todo hombre, venía a este mundo. 10 En el mundo estaba, y el mundo por él fue hecho; pero el mundo no le conoció. 11 A lo suyo vino, y los suyos no le recibieron. 12 Más a todos los que le recibieron, a los que creen en su nombre, les dio potestad de ser hechos hijos de Dios; 13 los cuales no son engendrados de sangre, ni de voluntad de carne, ni de voluntad de varón, sino de Dios.
14 Y aquel Verbo fue hecho carne, y habitó entre nosotros (y vimos su gloria, gloria como del unigénito del Padre), lleno de gracia y de verdad.

REVISIÓN: ¿QUIÉN ES JESÚS?

1. Jesús es el _____ de Dios.

2. Jesús es Emmanuel - Dios en la _____.

3. Jesús se convirtió en _____ para _____ al Hombre.

4. Dios envió a Jesús para que se convirtiera en "el _____ Sacrificio por nuestros _____".

5. Pero si _____ en luz, como _____ está en luz, tenemos _____ unos con otros, y la _____ de Jesucristo su Hijo nos _____ de todo pecado.

6. El sumo sacrificio de Jesús lo hace nuestro _____.

7. Mas a todos los que lo recibieron, a los que _____ en su nombre, les dio_____ de ser hechos _____ de Dios.

8. Y aquel Verbo fue hecho _____, y habitó entre nosotros, (y vimos su gloria, la gloria como del unigénito del Padre) lleno de gracia y de verdad.

¿QUÉ ES EL ARREPENTIMIENTO?

Ahora nos damos cuenta que tenemos un problema. El pecado nos ha separado de Dios. El Dios de Abraham, Isaac y Jacob, envió a Su Hijo para ser el Sumo Sacrificio.

¿Cómo llegamos a donde Dios nos quiere llevar?

Estudia las siguientes declaraciones y preguntas y permite que Jesús te muestre el camino a Dios.

¿CUÁL ES EL PROBLEMA?

Génesis 3:22 Y dijo Jehová Dios: He aquí el hombre es como uno de nosotros, sabiendo el bien y el mal; ahora, pues, que no alargue su mano, y tome también del árbol de la vida, y coma, y viva para siempre. 23 Y lo sacó Jehová del huerto del Edén, para que labrase la tierra de que fue tomado. 24 Echó, pues, fuera al hombre, y puso al oriente del huerto de Edén querubines, y una espada encendida que se revolvía por todos lados, para guardar el camino del árbol de la vida.

Romanos 3:23 por cuanto todos pecaron, y están destituidos de la gloria de Dios,

Romanos 5:12 Por tanto, como el pecado entró en el mundo por un hombre, y por el pecado la muerte, así la muerte pasó a todos los hombres, por cuanto todos pecaron.

¿CUÁL ES LA SOLUCIÓN?

Arrepentimiento - Juan el Bautista vino primero para preparar al mundo para Jesús:

Hechos 19:4 Dijo Pablo: Juan bautizó con bautismo de arrepentimiento, diciendo al pueblo que creyesen en aquel que vendría después de él, esto es, en Jesús el Cristo.

EL LAMENTO HUMANO NO ES ARREPENTIMIENTO

2 Corintios 7:10 (NVI) La tristeza que proviene de Dios produce el arrepentimiento que lleva a la salvación, de la cual no hay que arrepentirse, mientras que la tristeza del mundo produce la muerte.

Un ejemplo de lamento sin arrepentimiento:

Mateo 27:3 Entonces Judas, el que le había entregado, viendo que era condenado, devolvió arrepentido las treinta piezas de plata a los principales sacerdotes y a los ancianos, 4 diciendo: Yo he pecado entregando sangre inocente. Mas ellos dijeron: ¿Qué nos importa a nosotros? !!Allá tú! 5 Y arrojando las piezas de plata en el templo, salió, y fue y se ahorcó.

Hebreos 12:16 no sea que haya algún fornicario, o profano, como Esaú, que por una sola comida vendió su primogenitura. 17 Porque ya sabéis que aun después, deseando heredar la bendición, fue desechado, y no hubo oportunidad para el arrepentimiento, aunque la procuró con lágrimas.

LA TRISTEZA QUE PROVIENE DE DIOS te lleva a hacer algo para remediar la situación.

Mateo 21:29 Respondiendo él, dijo: No quiero; pero después, arrepentido, fue. 30 Y acercándose al otro, le dijo de la misma manera; y respondiendo él, dijo: Sí, señor, voy. Y no fue. 31 ¿Cuál de los dos hizo la voluntad de su padre? Dijeron ellos: El primero.

2 Corintios 7:10 (NVI) La tristeza que proviene de Dios produce el arrepentimiento que lleva a la salvación, de la cual no hay que arrepentirse, mientras que la tristeza del

mundo produce la muerte. 11 Fíjense lo que ha producido en ustedes esta tristeza que proviene de Dios: ¡qué empeño, qué afán por disculparse, qué indignación, qué temor, qué anhelo, qué preocupación, qué disposición para ver que se haga justicia! En todo han demostrado su inocencia en este asunto.

Mateo 5:6 Bienaventurados los que tienen hambre y sed de justicia, porque ellos serán saciados.

Mateo 5:8 Bienaventurados los de limpio corazón, porque ellos verán a Dios.

¿Tienes algo sobre lo cual arrepentirte? ¿Le has pedido a Jesus-el Sumo Sacrificio-que entre a tu corazón y te de vida nueva? ¿Te has encontrado ignorando tus pecados y haciendo cosas a tu manera sin tomar en cuenta lo que el Dios de Abraham, Isaac y Jacob dice? Quizás deberías orar y pedirle perdón y empezar una nueva vida.

Si esto describe lo que sientes en tu corazón, ve a la sección "¿QUÉ DEBO DE HACER PARA SER SALVO?" y lee ese capítulo, ora a Dios y confiésale todos tus pecados, pídele que te perdone y que te de vida nueva en Él. Busca un creyente maduro que te pueda ayudar en tu nuevo caminar.

REVISIÓN: ¿QUÉ ES EL ARREPENTIMIENTO?

1. Por cuanto todos _____ y están _____ de la _____ de Dios.

2. ¿Cómo llegamos a donde Dios quiere llevarnos?
    a. intentando dejar de hacer lo que nos aleja de Dios
    b. sirviendo comida en refugios de personas sin techo
    c. yendo a la iglesia dos veces por semana
    d. arrepintiéndonos de lo que nos ha separado (nuestro pecado) de Dios

3. El lamento humano es lo mismo que el arrepentimiento de nuestros pecados, nos salva del castigo del pecado.
    a. Verdadero
    b. Falso

4. La_____ que proviene de Dios te lleva a _____ algo para remediar la situación.

5. "Respondiendo él, dijo: No quiero; pero después, _____, fue

6. "Bienaventurados los de _____ corazón, porque ellos _____ a Dios."

7. ¿Te has encontrado _____ tus pecados y haciendo cosas ___ _____ _____ sin tomar en cuenta lo que el _____ de Abraham, Isaac y Jacob_____? Quizás deberías_____ y pedirle_____ una nueva _____.

¿QUÉ ES LA SALVACIÓN?

    Salvación – el regalo que recibimos cuando aceptamos a Jesucristo, el "Sumo Sacrificio" quien nos regresa al Padre, al ser por el cual fuimos creados y al lugar donde pasaremos la eternidad con nuestro Creador.

    La Salvación comienza con nosotros. Dios ya dio el

Regalo. Jesús murió y resucitó, ahora depende de nosotros. ¿Qué haremos con este regalo?

Estudia las siguientes declaraciones y permite que Dios te revele Su Regalo de Salvación.

¿POR QUÉ NECESITAMOS SALVACIÓN?

Dios el Creador del Universo
   Caminó con Adán y Eva en el Jardín
   Adán pecó
   El pecado de Adán separó a Adán y sus descendientes de Dios.

Génesis 3:24 Echó, pues, fuera al hombre, y puso al oriente del huerto de Edén querubines, y una espada encendida que se revolvía por todos lados, para guardar el camino del árbol de la vida.

Ezequiel 36:17 Hijo de hombre, mientras la casa de Israel moraba en su tierra, la contaminó con sus caminos y con sus obras; como inmundicia de menstruosa fue su camino delante de mí.

¿QUÉ SUCEDE DURANTE LA SALVACIÓN?

Cuando Jesús murió en la cruz, Él se llevó el Pecado a la tumba. Él fue directamente al infierno y le quitó las llaves a Satanás que nos separan de Dios. Jesús gano la batalla por ti y por mí. Así es como las Salvación comenzó y ahora depende de nosotros recibirla

Dios nos ofrece una vida nueva:
Extracto de "Un Nuevo Nacimiento y Fundamento" por la Reverenda Agnes I. Numer

¿QUÉ ES LA SALVACIÓN?

En Ezequiel 36, Dios menciona un Nuevo Nacimiento. ¿Qué es ese Nuevo Nacimiento?

Dios dice "te sacaré de entre las naciones y quitaré de ti lo pagano. Sacaré de ti el adulterio". Él dijo "pondré en ti un nuevo espíritu". ¿Cuál es ese espíritu? El espíritu que tuvieron Adán y Eva antes de haber pecado.

Este es el nuevo espíritu que Dios nos da cuando nacemos de nuevo. ¿Qué simboliza esto? No significa que volverás a nacer en carne. Él dice que Él pondrá un Nuevo Espíritu en nosotros—un Nuevo Comienzo, un Nuevo Nacimiento. Naceremos otra vez en el Jardín del Edén, regresaremos a aquel tiempo cuando estábamos sin pecado y teníamos compañerismo con Él.

Él dijo "sacaré todo de ti y te daré un espíritu nuevo y pondré en ti un corazón nuevo". Él tuvo que sacar el corazón viejo y poner un corazón nuevo - uno conforme a Dios- así, ese corazón vuelve a nacer. Él pone un espíritu nuevo y un corazón nuevo, y luego pone en nosotros Su Espíritu para poder oírle y obedecerle.

"Y yo os tomaré de las naciones, y os recogeré de todas las tierras, y os traeré a vuestro país. 25 Esparciré sobre vosotros agua limpia, y seréis limpiados de todas vuestras inmundicias; y de todos vuestros ídolos os limpiaré. 26 Os daré corazón nuevo, y pondré espíritu nuevo dentro de vosotros; y quitaré de vuestra carne el corazón de piedra, y os daré un corazón de carne. 27 Y pondré dentro de vosotros mi Espíritu, y haré que andéis en mis estatutos, y guardéis mis preceptos, y los pongáis por obra. 28 Habitaréis en la tierra que di a vuestros padres, y vosotros me seréis por pueblo, y yo seré a vosotros por Dios. 29 Y os guardaré de todas vuestras inmundicias; y llamaré al trigo, y lo multiplicaré, y no os daré hambre. 30 Multiplicaré asimismo el fruto de los árboles, y el fruto de los campos, para que nunca más recibáis oprobio de hambre entre las naciones. 31 Y os acordaréis

de vuestros malos caminos, y de vuestras obras que no fueron buenas; y os avergonzaréis de vosotros mismos por vuestras iniquidades y por vuestras abominaciones." Ezequiel 36:24
  "De modo que si alguno está en Cristo, nueva criatura es; las cosas viejas pasaron; he aquí todas son hechas nuevas." 2 Corintios 5:17

¿CÓMO COMIENZA LA SALVACIÓN?

Depende de nosotros arrepentirnos y aceptar Su Sumo Sacrificio. Y El nos ayudara a vivir el resto de nuestras vidas para El.

Que si confesares con tu boca que Jesús es el Señor, y creyeres en tu corazón que Dios le levantó de los muertos, serás salvo. Romanos 10:9

Porque por gracia sois salvos por medio de la fe; y esto no de vosotros, pues es don de Dios; [9] no por obras, para que nadie se gloríe. [10] Porque somos hechura suya, creados en Cristo Jesús para buenas obras, las cuales Dios preparó de antemano para que anduviésemos en ellas. Efesios 2: 8-10

"Para que todo aquel que en él cree, no se pierda, mas tenga vida eterna. [16] Porque de tal manera amó Dios al mundo, que ha dado a su Hijo unigénito, para que todo aquel que en él cree, no se pierda, mas tenga vida eterna. [17] Porque no envió Dios a su Hijo al mundo para condenar al mundo, sino para que el mundo sea salvo por él. [18] El que en él cree, no es condenado; pero el que no cree, ya ha sido condenado, porque no ha creído en el nombre del unigénito Hijo de Dios. [19] Y esta es la condenación: que la luz vino al mundo, y los hombres amaron más las tinieblas que la luz, porque sus obras eran malas. ²⁰ Porque todo aquel que hace lo malo, aborrece la luz y no viene a la luz, para que sus obras no sean reprendidas. ²¹ Mas el que practica la verdad viene a la luz, para que sea manifiesto que sus obras son hechas en Dios." Juan 3: 15

¿POR QUÉ ES UN PROCESO?

temor y temblor, 13 porque Dios es el que en vosotros produce así el querer como el hacer, por su buena voluntad.

Isaías 26: 12 Jehová, tú nos darás paz, porque también hiciste en nosotros todas nuestras obras. 13 Jehová Dios nuestro, otros señores fuera de ti se han enseñoreado de nosotros; pero en ti solamente nos acordaremos de tu nombre. 14 Muertos son, no vivirán; han fallecido, no resucitarán; porque los castigaste, y destruiste y deshiciste todo su recuerdo.

¿CÓMO PODEMOS PROTEGER ESTE GRANDIOSO REGALO?

- Camina en la Luz

1 Juan 1:4 Estas cosas os escribimos, para que vuestro gozo sea cumplido. 5 Este es el mensaje que hemos oído de él, y os anunciamos: Dios es luz, y no hay ningunas tinieblas en él. 6 Si decimos que tenemos comunión con él, y andamos en tinieblas, mentimos, y no practicamos la verdad;

- Ten compañerismo con Dios y otros Santos

7 pero si andamos en luz, como él está en luz, tenemos comunión unos con otros, y la sangre de Jesucristo su Hijo nos limpia de todo pecado.

- Confiesa tus Pecados

8 Si decimos que no tenemos pecado, nos engañamos a nosotros mismos, y la verdad no está en nosotros. 9 Si confesamos nuestros pecados, él es fiel y justo para perdonar nuestros pecados, y limpiarnos de toda maldad. 10 Si decimos que no hemos pecado, le hacemos a él mentiroso, y su palabra no está en nosotros.

Juan 3:21 Mas el que practica la verdad viene a la luz, para que sea manifiesto que sus obras son hechas en Dios.

¿PUEDES PERDER TU SALVACIÓN?

"Por tanto, dejando ya los rudimentos de la doctrina de Cristo, vamos adelante a la perfección; no echando otra vez el fundamento del arrepentimiento de obras muertas, de la fe en Dios, 2 de la doctrina de bautismos, de la imposición de manos, de la resurrección de los muertos y del juicio eterno. 3 Y esto haremos, si Dios en verdad lo permite. 4 Porque es imposible que los que una vez fueron iluminados y gustaron del don celestial, y fueron hechos partícipes del Espíritu Santo, 5 y asimismo gustaron de la buena palabra de Dios y los poderes del siglo venidero, 6 y recayeron, sean otra vez renovados para arrepentimiento, crucificando de nuevo para sí mismos al Hijo de Dios y exponiéndole a vituperio." Hebreos 6:1-6

REVISIÓN: ¿QUÉ ES LA SALVACIÓN?

1. La salvación es el regalo que viene a través de _____ a Jesús, el Sumo Sacrificio..

2. Necesitamos la Salvación porque el _____ de Adán lo _____ a él y a todos sus _____ de Dios

3. ¿Qué sucede durante la Salvación? Cuando Jesús murió en la cruz, Él se llevó el _____ a la tumba. Él fue directamente al _____ y le quitó las _____ a Satanás que nos _____ de Dios. Jesús gano la batalla por ti y por mí. Así es como las Salvación comenzó y ahora, ¡depende de nosotros _____!

4. De modo que si alguno está _____ _____, nueva _____ _____: las cosas viejas _____; he aquí todas son hechas _____.

5. Salvación - "Que si _____ con tu boca que _____ es el _____, y _____ en tu _____ que Dios le _____ de los muertos, serás _____."

6. Mas el que practica la _____ viene a la _____, para que sea manifiesto que sus obras son hechas en Dios. .

7. Proceso - Después de que hayamos aceptado Su _____ debemos _____ permitir que Dios nos _____ guie en esta nueva vida.

8. Protege el Regalo (de la Salvación) - Ten Compañerismo : pero si _____ en luz, como él está en luz, tenemos comunión unos con otros, y la _____ de Jesucristo su Hijo nos limpia de todo pecado. _____ tus pecados.

9. ¿Puedes perder tu salvación ? - " y asimismo gustaron de la buena palabra de Dios y los poderes del siglo venidero, y _____, sean otra vez renovados para _____; crucificando de nuevo para sí mismos al Hijo de Dios y _____ a _____."

¿QUÉ ES EL BAUTISMO EN AGUA?

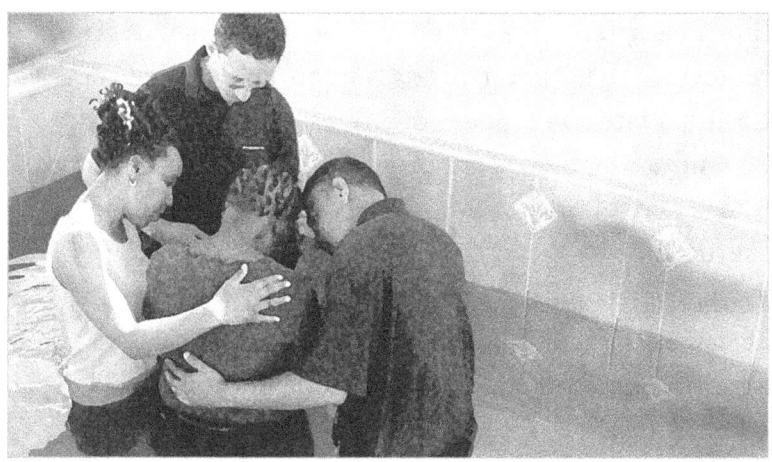

*E*xtracto de *"El Poder del Bautismo en Agua" por la Reverenda Agnes I. Numer*

"Si en verdad entendemos el plan de Dios en el Bautismo en Agua, al ser bautizados en agua, toda la "basura" en nosotros será removida. El Bautismo en Agua es un entierro. Somos enterrados con Jesús. ¡Esto es poderoso! La voluntad de pecar y las cosas carnales en nuestras vidas son poderosas, por eso hay que enterrarlas con Él y levantarnos sin pecado-solamente en Rectitud.

Cuando Jesús murió en la cruz, Él entro a la tumba llevando consigo el PECADO del mundo entero. Entró al infierno y le arrebató las llaves a Satanás y dijo que le daría estas llaves a aquellos redimidos. En ese momento, Jesús gano la batalla por ti y por mí.

Es por eso qué es tan importante que seamos bautizados en agua. Es parte de nuestro Fundamento Espiritual.

Mediante el Bautismo en Agua, Jesús le dice a Satanás **"Ya no tendrás** control sobre ellos. Cuando ellos bajan a la tumba de agua conmigo, **todo** lo que tienes en ellos será removido. Yo los libraré. Los levantaré en una vida nueva. Los levantaré con el poder de Mi resurrección. Satanás, ya no tendrás dominio sobre ellos. Te los he quitado y los he tomado en mis manos. Ahora ellos tienen poder y dominio sobre ti".

¿Qué es lo que estamos enseñando? ¿Qué es lo que se le ha dado al hombre? Cuando entras al agua, Satanás ya no tiene dominio sobre ti. Puedes poner a un lado tu vida carnal—dejarla en el agua. Devuélvele a Satanás la vida carnal y dile que se la lleve al pozo. Entonces, saldrás de entre las aguas del bautizo lleno del grandioso poder de la resurrección de Jesucristo.

Saldrás- ahí moriste y dejaste atrás el mundo carnal. Cuando Jesús te levantó, te trajo a la Vida de Resurrección y puso en tus manos las llaves del Reino, las llaves sobre Satanás. Le oíste...y Él te levantó desatado y liberado por medio de Su preciosa sangre y muerte. Él le quito las llaves a

Satanás, y cuando te levantas en el poder de resurrección en Él ¡recibes las llaves en tus manos!

Esta es la palabra de Dios: este es el poder del Evangelio, del reino de Dios. Y este mismo Espíritu que levantó a Jesús de entre los muertos despierta tu cuerpo mortal.

Sales del agua con vida nueva, como una nueva criatura, sales como un hijo de Dios. No es el agua...es lo que Jesús mandó hacer y entonces Él nos haría libres. Pero si no conocemos la verdad, ¿cómo entraremos en ella? Esta es una de las lecciones más importantes para que podamos entrar en el poder y autoridad de Jesucristo.

Aquí es donde la gracia comienza...

A través del Bautismo en Agua, el pecado queda en la tumba de agua y comienza la gracia. Y qué grandiosa es esa gracia.

La palabra "piadoso" significa "que refleja los atributos o la naturaleza de Dios". Pero el bautismo en agua no es solo nosotros reflejando los atributos de Dios. Es Su naturaleza, dentro de nosotros. Cuando somos bautizados, Dios habla a nuestro espíritu, como habló sobre Jesús "Este es Mi Hijo Amado". Nos habla de Su naturaleza, como si nunca hubiéramos pecado. Esta nueva naturaleza ama lo que Dios ama.

Este es el comienzo de un proceso

Estudia las siguientes declaraciones y preguntas y permite que Dios te revele el poder del Bautismo en Agua.

¿QUIÉN ERA JUAN EL BAUTISTA?

El primer Bautismo en Agua en la Biblia fue realizado por Juan el Bautista. Juan vino a preparar los corazones de los hombres predicándoles arrepentimiento y bautismo. Esto era algo nuevo, pues los Judíos solamente hacían sacrificios y purificaciones.

Isaías 40:3 Voz que clama en el desierto: Preparad camino a Jehová; enderezad calzada en la soledad a nuestro Dios.

Marcos 1:1 Principio del evangelio de Jesucristo, Hijo de Dios. 2 Como está escrito en Isaías el profeta: He aquí yo envío mi mensajero delante de tu faz, El cual preparará tu camino delante de ti. 3 Voz del que clama en el desierto: Preparad el camino del Señor; Enderezad sus sendas. 4 Bautizaba Juan en el desierto, y predicaba el bautismo de arrepentimiento para perdón de pecados. 5 Y salían a él toda la provincia de Judea, y todos los de Jerusalén; y eran bautizados por él en el río Jordán, confesando sus pecados.

Juan el Bautista dijo que el creyente debe producir frutos que demuestren verdadero arrepentimiento. Ejemplos incluyen: benevolencia, amabilidad, amor, generosidad, honestidad, justicia, fidelidad, humildad, tranquilidad, templanza y contentamiento.

Lucas 3:8 Haced, pues, frutos dignos de arrepentimiento, y no comencéis a decir dentro de vosotros mismos: Tenemos a Abraham por padre; porque os digo que Dios puede levantar hijos a Abraham aun de estas piedras.

Juan el Bautista profetizó que el Mesías venia y que "bautizará en Espíritu Santo y fuego".

Lucas 3:16 respondió Juan, diciendo a todos: Yo a la verdad os bautizo en agua; pero viene uno más poderoso que yo, de quien no soy digno de desatar la correa de su calzado; él os bautizará en Espíritu Santo y fuego:

¿QUÉ ES EL BAUTISMO EN AGUA?

EJEMPLOS DE BAUTISMO EN EL ANTIGUO TESTAMENTO

Por medio de ejemplos, Dios muchas veces preparó a Su pueblo con respecto a Sus futuros planes. En Moisés, todo Israel fue bautizado en la nube y el mar.

1 Corintios 10:1 Porque no quiero, hermanos, que ignoréis que nuestros padres todos estuvieron bajo la nube, y todos pasaron el mar;
2 y todos en Moisés fueron bautizados en la nube y en el mar;

¿POR QUÉ JESÚS ESCOGIÓ SER BAUTIZADO EN AGUA?

Jesús llego al Rio Jordán a ser bautizado por Juan el Bautista. Cuando Juan trató de negarse, Jesús le respondió, "Deja ahora, porque así conviene que cumplamos toda justicia". Jesús obedeció a Dios en el Bautismo en Agua para demostrarnos un ejemplo. El Espíritu Santo descendió sobre Jesús después de ser bautizado.

Mateo 3:13 Entonces Jesús vino de Galilea a Juan al Jordán, para ser bautizado por él. 14 Mas Juan se le oponía, diciendo: Yo necesito ser bautizado por ti, ¿y tú vienes a mí? 15 Pero Jesús le respondió: Deja ahora, porque así conviene que cumplamos toda justicia. Entonces le dejó. 16 Y Jesús, después que fue bautizado, subió luego del agua; y he aquí los cielos le fueron abiertos, y vio al Espíritu de Dios que descendía como paloma, y venía sobre él. 17 Y hubo una voz de los cielos, que decía: Este es mi Hijo amado, en quien tengo complacencia.

1 Pedro 2:21 Pues para esto fuisteis llamados; porque también Cristo padeció por nosotros, dejándonos ejemplo, para que sigáis sus pisadas;

Dios dio una señal a Juan que Jesús era Cristo el Mesías y que vería al Espíritu Santo "descender y permanecer en Él".

Juan 1:29 El siguiente día vio Juan a Jesús que venía a él, y dijo: He aquí el Cordero de Dios, que quita el pecado del mundo. 30 Este es aquel de quien yo dije: Después de mí viene un varón, el cual es antes de mí; porque era primero que yo. 31 Y yo no le conocía; más para que fuese manifestado a Israel, por esto vine yo bautizando con agua. 32 También dio Juan testimonio, diciendo: Vi al Espíritu que descendía del cielo como paloma, y permaneció sobre él. 33 Y yo no le conocía; pero el que me envió a bautizar con agua, aquél me dijo: Sobre quien veas descender el Espíritu y que permanece sobre él, ése es el que bautiza con el Espíritu Santo.

¿QUÉ ES EL BAUTISMO EN AGUA?

El Bautismo en Agua es cuando el creyente en Jesús permite ser sumergido en agua, lo cual simboliza la Muerte y Resurrección de Jesucristo.

Hechos 8:36 Y yendo por el camino, llegaron a cierta agua, y dijo el eunuco: Aquí hay agua; ¿qué impide que yo sea bautizado? Felipe dijo: Si crees de todo corazón, bien puedes. Y respondiendo, dijo: Creo que Jesucristo es el Hijo de Dios. Y mandó parar el carro; y descendieron ambos al agua, Felipe y el eunuco, y le bautizó.

UNIÉNDOSE A JESÚS EN EL ENTIERRO A TRAVÉS DEL BAUTISMO EN AGUA:

- Destruye el ADN - (la naturaleza pecadora) de Adán
  - Reemplaza el ADN - (la Nueva naturaleza) de Jesucristo.

¡Por medio del Bautismo en Agua, intercambiamos la naturaleza pecaminosa de Adán por la Nueva naturaleza de Jesucristo inspirada por Dios!

YA NO SOMOS ESCLAVOS DEL PECADO, SINO DEL AMOR; SOMOS SERVIDORES DE LO CORRECTO

A través del Bautismo de Agua, el Espíritu Santo nos empodera para poder vivir una vida libre sin ataduras del pecado.

No debemos dejar que el pecado gobierne y reine en nuestros cuerpos. Somos libres de vivir en justicia para Dios. Ya no somos esclavos del pecado, sino del amor; somos servidores de la justicia.

Romanos 6:3 ¿O no sabéis que todos los que hemos sido bautizados en Cristo Jesús, hemos sido bautizados en su muerte? Porque somos sepultados juntamente con él para muerte por el bautismo, a fin de que como Cristo resucitó de los muertos por la gloria del Padre, así también nosotros andemos en vida nueva.

Romanos 6:18 y libertados del pecado, vinisteis a ser siervos de la justicia.

¿QUIÉN DEBE SER BAUTIZADO EN AGUA?

El Bautismo en Agua - ¡Una declaración al mundo!

Pon atención al hecho de que todos fueron bautizados. Esta es la marca del seguidor de Cristo. Es una declaración que todos pueden ver. En muchas culturas, cuando uno es bautizado en agua como Cristiano, el resultado es la excomunicación o la muerte. Porque la persona ha declarado «¡Yo he decidido seguir a Cristo…no volveré atrás!».

I Corintios 12:13 Porque por un solo Espíritu fuimos todos bautizados en un cuerpo, sean judíos o griegos, sean esclavos o libres; y a todos se nos dio a beber de un mismo Espíritu.

Marcos 16:16 El que creyere y fuere bautizado, será salvo; más el que no creyere, será condenado.

Hechos 2:38 Pedro les dijo: Arrepentíos, y bautícese cada uno de vosotros en el nombre de Jesucristo para perdón de los pecados; y recibiréis el don del Espíritu Santo

JESÚS NOS INSTRUYE QUE BAUTICEMOS A TODAS LAS NACIONES.

Mateo 28:18 Y Jesús se acercó y les habló diciendo: Toda potestad me es dada en el cielo y en la tierra. 19 Por tanto, id, y haced discípulos a todas las naciones, bautizándolos en el nombre del Padre, y del Hijo, y del Espíritu Santo; 20 enseñándoles que guarden todas las cosas que os he mandado; y he aquí yo estoy con vosotros todos los días, hasta el fin del mundo.

¿QUÉ ES EL BAUTISMO EN AGUA?

Extracto de "Permitiendo la Perfecta Paz de Dios" por la Rev. Agnes I. Numer

JESÚS DESTRUYÓ AL "VIEJO HOMBRE PECADOR"

Saben, yo me entrené en una iglesia donde se enseñaba la santificación. Después, cuando comencé a leer la palabra de la manera que Dios me la presentó, vi algo diferente. Hablaba del viejo hombre pecador. ¿Lo conoces? ¿Te has encontrado con él? Este hombre ha desconcertado a muchos cristianos. ¿Saben lo que significa? Yo antes pensaba que era "la demostración de la carnalidad". Esta era una expresión en la iglesia donde me crie. Si uno levantaba la voz o decía algo que ellos desaprobaran, decían "Oh! ¡Esa es tu carnalidad!". Te tengo noticias. Jesús dijo que Él se la llevó a la cruz. A través del derramamiento de sangre, Él ha perdonado tus pecados. Destruyó el pecado de Adán que estaba en ti. ¿Qué fue lo que hizo? Él lo llevo a la cruz. Era una maldición puesta sobre nosotros por la caída del hombre.

Jesús se lo llevo a la cruz. Cuando somos bautizados en agua, tenemos el privilegio de llevar al "viejo hombre" hacia la tumba de agua y enterrarlo. Él nos dejará llevar a ese viejo hombre pecador... pero lo destruyó en la cruz, destruyó su poder en la cruz... para cada cristiano que lo escuche y obedezca. Bajas al agua, a una tumba con el Señor, y entierras a ese viejo hombre allí. No está vivo cuando bajas. Ya está muerto, murió en la cruz.... **Pero a ti se te da el privilegio de enterrarlo**, para que estés seguro que ya no vive.

Qué alivio fue para mí cuando Dios me reveló esa

escritura. Yo pensaba que seguiría cargando con ese viejo hombre pecador en mi caminar con Jesús. ¡Gracias a Dios que no es así! Podemos tener muchas cosas de las que deshacernos, pero tenemos a Jesús y Él se deshará de ellas por nosotros. ¡Amen!

Él dijo que era muy importante bautizarnos en agua-en Jesucristo. No en una iglesia, no en las iglesias Metodista, Bautista o Católica, sino que en Jesucristo. El bautismo de Juan fue uno de arrepentimiento, pero el bautismo de Jesús es para llevarnos a Él, y Él a nosotros, despertando nuestro espíritu. **Ya no somos de la raza de Adán-somos criaturas nuevas**-creaciones nuevas formadas por Jesucristo. Cuando entramos en la cruz y el agua, el viejo hombre queda enterrado-nunca se levantará-mientras permitamos que Jesucristo sea Señor y Rey en Su reino en nuestras vidas.

Si lo abandonamos, entonces vamos a pasar por un infierno. Vas a pasar por las cosas horribles que Satanás tiene para ti. Mas si te afirmas en el Señor y haces lo que Él manda, la poderosa obra que Él nos ha dado se completa en Jesucristo. "En él vivimos, y somos, y nos movemos". **Él es quien nos da perfecta paz que permanece en nosotros.** Él lo ha ordenado. Él lo ha hecho posible. También ha hecho posible que seamos bautizados en agua para ser libres del hombre viejo pecador y así poder vivir en Su paz y destruir todos los malos afectos de esta vida.

Dios nos ha dado la respuesta.

REVISIÓN: ¿QUÉ ES EL BAUTISMO EN AGUA?

1. El _____ es cuando un creyente en Jesús se deja sumergir bajo el agua simbolizando la muerte y la resurrección de Jesucristo.
   a. arrepentimiento
   b. Bautismo en Agua
   c. regocijo
   d. nuevo creyente

2. El bautismo en agua _____ el ADN - (la naturaleza _____) de Adán y lo _____ con el ADN (la naturaleza _____) de Jesucristo..

3. Ya no somos de la raza de Adán, sino una nueva criatura, una nueva creación formada allí mismo por Jesucristo.
   a. Verdadero
   b. Falso

4. A través del Bautismo en Agua, ¡_____ la naturaleza _____ de Adán con la _____naturaleza de Jesucristo!

5. A través del Bautismo en Agua el Espíritu Santo nos da poder para vivir una vida libre de ataduras al pecado.
    a. Verdadero
    b. Falso

6. ¿Quién debe ser bautizado con agua?
    a. sólo los miembros de la iglesia
    b. los que han terminado la clase del nuevo creyente
    c. cualquiera que crea que Jesús es el hijo de Dios y que murió por nuestros pecados
    d. sólo los creyentes gentiles

¿QUIÉN ES EL ESPÍRITU SANTO?

Dios es un solo Dios. Has oído de Dios el Padre, Dios el Hijo y Dios el Espíritu Santo-este es un solo Dios. Tres en uno. El agua, hielo y vapor son diferentes formas de agua-siguen siendo agua, pero en diferentes formas; con Dios, Él es las tres al mismo tiempo.

Esto es algo que no entendemos fácilmente, porque nosotros solamente podemos estar en un solo lugar a la misma vez, pero piensa en esto, somos un espíritu que vive en un cuerpo y tiene alma. Esto nos hace ser a la imagen de Dios. Cuando morimos, nuestro cuerpo es enterrado, mas nuestro espíritu vive para siempre.

Estudia las siguientes declaraciones y preguntas y **permite que Dios te sea revelado.**

¿QUIÉN ES EL ESPÍRITU SANTO?

El Espíritu Santo es Dios. Él es una persona. El Espíritu Santo es el que nos ayuda a entender nuestro pecado. No tiene un cuerpo físico porque es un Espíritu. La naturaleza de Dios es amor y si el Espíritu Santo es Dios, entonces también es amor.

La obra del Espíritu Santo es en la tierra. Él trabaja en los corazones de la gente. Él nos habla a nuestros corazones y nosotros podemos oírle o sentirlo en nuestro espíritu. También nos ayuda ver cuando hemos pecado. El Espíritu Santo estaba presente cuando Dios creó al mundo.

Genesis 1:26 Entonces dijo Dios: Hagamos al hombre a nuestra imagen, conforme a nuestra semejanza…

El Antiguo Testamento es la primera parte de la Biblia escrita antes del nacimiento de Jesús. El Nuevo Testamento fue escrito después del nacimiento de Jesús. Los libros del Antiguo Testamento fueron escritos por hombres guiados por el Espíritu Santo.

2 Pedro 1:21 porque nunca la profecía fue traída por voluntad humana, sino que los santos hombres de Dios hablaron siendo inspirados por el Espíritu Santo.

El **Espíritu Santo puede** "guiar" nuestros corazones para hacer cosas, lo que significa que, en ciertos momentos, Él puede darnos habilidades especiales que vienen de Dios para hacer lo que Dios desea.

Estos son ejemplos que se encuentran en el Antiguo Testamento de las habilidades que Dios dio por medio del Espíritu Santo.

- Sabiduría- Salomón, 1 Reyes 4:29-32;
- Conocimiento- Eliseo, 2 Reyes 5:25-27;
- Discernimiento de espíritus-el Siervo de Saul, - 1 Samuel 16:14-15;
- Fe-Josué, Josué 10:12-14;
- Milagros-Elías, 1 Reyes 17:17-24, 1 Reyes 18:38;
- Sanaciones-Isaías, 2 Reyes 20:5;
- Profecía-Balaam, Números 23:24.

Podemos pedirle **habilidades especiales** al Espíritu Santo cuando es necesario para hacer lo que Dios quiere. Él está aquí con el propósito de ayudar al pueblo de Dios a hacer la voluntad de Dios en la tierra.

¿QUIÉN ES EL ESPÍRITU SANTO PARA NOSOTROS?

El Espíritu Santo es:

Nuestro Profesor. Él nos dirige y nos guía a la Verdad. Él nos alejará de las mentiras y decepciones. ¿Alguna vez jugaste aquel juego donde vas guiando a una persona a cierto objeto usando solamente las frases "caliente o frio"? Aprenderemos a reconocer ese "empujón" en nuestros corazones. Aprenderemos a "oír Su voz". Podemos confiar que Él nos enseñara.

Nuestro Consolador. Él siempre estará con nosotros, en toda circunstancia, en cada problema o gozo. Él quiere que sintamos su presencia con nosotros. Solamente necesitamos pedirle. Podemos confiar que Él nos consolará.

Nuestro Ayudante. Él nos ayuda a orar cuando no sabemos qué decir. Él nos ayuda en muchas maneras. Él nos dará las habilidades espirituales especiales que vienen de Dios. Podemos confiar que nos ayudará a vivir en los caminos de Dios.

1 Corintios 12:1 No quiero, hermanos, que ignoréis acerca de los dones espirituales...7 Pero a cada uno le es dada la manifestación del Espíritu para provecho. 8 Porque a éste es dada por el Espíritu palabra de sabiduría; a otro, palabra de ciencia según el mismo Espíritu; 9 a otro, fe por el mismo Espíritu; y a otro, dones de sanidades por el mismo Espíritu. 10 A otro, el hacer milagros; a otro, profecía; a otro, discernimiento de espíritus; a otro, diversos géneros de lenguas; y a otro, interpretación de lenguas. 11 Pero todas estas cosas las hace uno y el mismo Espíritu, repartiendo a cada uno en particular como él quiere.

PODEMOS CONFIAR en el Espíritu Santo, solo necesitamos pedir.

REVISIÓN: ¿QUIÉN ES EL ESPÍRITU SANTO?

1. Nuestro Dios es:
   a. Tres en uno
   b. Padre, Hijo y Espíritu Santo
   c. Un solo Dios
   d. Todo lo anterior

2. ¿Cómo estamos hechos a imagen y semejanza de Dios?
   a. En espíritu, cuerpo y alma
   b. En agua, hielo y vapor
   c. En nuestra capacidad de estar en todas partes a la vez
   d. Siempre hemos existido

3. El Espíritu Santo:
   a. Es Dios
   b. No tiene un cuerpo físico
   c. Todo lo anterior
   d. Ninguna de los anteriores

4. El Antiguo Testamento fue escrito por hombres movidos por el Espíritu Santo.
   a. Verdadero
   b. Falso

5. El Espíritu Santo puede proporcionar habilidades especiales dadas por Dios al hombre como:
   a. Conocimiento
   b. Profecía
   c. Milagros
   d. Todo lo anterior

6. El Espíritu Santo está aquí con el propósito de ayudar al pueblo de Dios a hacer la voluntad de Dios en la Tierra
   a. Verdadero
   b. Falso

7. Como nuestro maestro, el Espíritu Santo nos guía hacia la Verdad.
   a. Verdadero
   b. Falso

8. El Espíritu Santo puede ayudarnos a orar incluso cuando no sabemos qué decir.
   a. Verdadero
   b. Falso

¿QUÉ ES EL BAUTISMO DEL ESPÍRITU SANTO?

*E*studia las siguientes declaraciones y preguntas y permite que el Espíritu Santo te sea revelado.

¿QUÉ ES EL BAUTISMO DEL ESPÍRITU SANTO?

El plan de Dios de traer personas de vuelta hacia Él fue pagado con la venida de Jesucristo y su muerte por nosotros en la cruz. Esto abrió el camino para que la gente fuera limpia del pecado. Los sacrificios del Antiguo Testamento solo cubrían nuestros pecados del pasado y se repetían cada año, pero Jesús vino para restaurarnos otra vez a Dios Padre. Sabemos que podemos ir al Padre en cualquier momento por medio de Jesús.

Dios ansiosamente nos ha esperado para caminar con nosotros de nuevo, hablar con nosotros y darnos Sus habilidades especiales que hace tiempo perdimos. El camino se abrió a través de Jesús. Jesús tuvo que morir y resucitar para regresar al Padre y poder enviarnos el Espíritu Santo. Él sabía que sería necesario que Su Espíritu viviera EN NOSOTROS y no solamente CON NOSOTROS.

Juan 14:17 el Espíritu de verdad, al cual el mundo no puede recibir, porque no le ve, ni le conoce; pero vosotros le conocéis, porque mora con vosotros, y estará en vosotros.

Algo más se nos prometió

El Espíritu Santo nos convence de nuestros pecados, aplica la sangre de Jesús, nos atrae a Jesús, nos lleva y nos guía; ¡pera aún hay más! Dios Padre nos ha prometido más, Jesús habló de ello y aun Juan el Bautista dijo que había MÁS.

Juan el Bautista dijo que Jesús nos bautizaría con el Espíritu Santo y fuego. El fuego limpia y purifica, da luz y calor (celo y fuerza).

Lucas 3:16 él os bautizará en Espíritu Santo y fuego.

Mateo 3:11 Yo a la verdad os bautizo en agua para

arrepentimiento; pero el que viene tras mí, cuyo calzado yo no soy digno de llevar, es más poderoso que yo; él os bautizará en Espíritu Santo y fuego.

¿COMO DESCRIBIÓ JESÚS LA VENIDA DEL ESPÍRITU SANTO?

Nosotros **recibiremos poder.**

Hechos 1:8 pero recibiréis poder, cuando haya venido sobre vosotros el Espíritu Santo, y me seréis testigos en Jerusalén, en toda Judea, en Samaria, y hasta lo último de la tierra.

Habrá **ríos de agua viva** fluyendo de nuestro ser.

Juan 7:38 El que cree en mí, como dice la Escritura, de su interior correrán ríos de agua viva. 39 Esto dijo del Espíritu que habían de recibir los que creyesen en él; pues aún no había venido el Espíritu Santo, porque Jesús no había sido aún glorificado.

Esto es lo que **mi Padre te ha prometido** - Lucas 24:49 He aquí, yo enviaré la promesa de mi Padre sobre vosotros.

Hechos 1:4 Y estando juntos, les mandó que no se fueran de Jerusalén, sino que esperasen la promesa del Padre

Lucas 11:13 ¿Cuánto más vuestro Padre celestial dará el Espíritu Santo a los que se lo pidan?

Hechos 2:39 Porque para vosotros es la promesa, y para vuestros hijos, y para todos los que están lejos; para cuantos el Señor nuestro Dios llamare.

Se les dijo que esperaran al Espíritu Santo.

No podemos hacer lo que Dios ordena solamente con nuestras fuerzas. Tenemos que estar llenos de Su poder. Por eso fue que Jesús les insistió que permanecieran juntos hasta recibir el poder del Espíritu Santo…para poder serle testigos. Hechos 1:4

¿QUÉ EXPERIMENTARON?

Hubo algo que cambió enormemente la vida de la gente que siguió a Jesús después de que regresó al cielo. Después de esperar 50 días, en los días que los Judíos llaman "Pentecostés", ellos experimentaron todo lo que Jesús les había prometido. Recibieron el Bautismo del Espíritu Santo.

> Hechos 2:1 Cuando llegó el día de Pentecostés, estaban todos unánimes juntos. 2 Y de repente vino del cielo un estruendo como de un viento recio que soplaba, el cual llenó toda la casa donde estaban sentados; 3 y se les aparecieron lenguas repartidas, como de fuego, asentándose sobre cada uno de ellos. 4 Y fueron todos llenos del Espíritu Santo, y comenzaron a hablar en otras lenguas, según el Espíritu les daba que hablasen.
> 5 Moraban entonces en Jerusalén judíos, varones piadosos, de todas las naciones bajo el cielo. 6 Y hecho este estruendo, se juntó la multitud; y estaban confusos, porque cada uno les oía hablar en su propia lengua. 7 Y estaban atónitos y maravillados, diciendo: Mirad, ¿no son galileos todos estos que hablan? 8 ¿Cómo, pues, les oímos nosotros hablar cada uno en nuestra lengua en la que hemos nacido? 9 Partos, medos, elamitas, y los que habitamos en Mesopotamia, en Judea, en Capadocia, en el Ponto y en Asia, 10 en Frigia y Panfilia, en Egipto y en las regiones de África más allá de Cirene, y romanos aquí residentes, tanto judíos como prosélitos, 11 cretenses y árabes, les oímos

hablar en nuestras lenguas las maravillas de Dios. 12 Y estaban todos atónitos y perplejos, diciéndose unos a otros: ¿Qué quiere decir esto? 13 Mas otros, burlándose; decían: Están llenos de mosto.14 Entonces Pedro, poniéndose en pie con los once, alzó la voz y les habló diciendo: Varones judíos, y todos los que habitáis en Jerusalén, esto os sea notorio, y oíd mis palabras.

Hechos 2:15 Porque éstos no están ebrios, como vosotros suponéis, puesto que es la hora tercera del día. 16 Mas esto es lo dicho por el profeta Joel: 17 Y en los postreros días, dice Dios,

Derramaré de mi Espíritu sobre toda carne, Y vuestros hijos y vuestras hijas profetizarán; Vuestros jóvenes verán visiones, Y vuestros ancianos soñarán sueños; 18 Y de cierto sobre mis siervos y sobre mis siervas en aquellos días Derramaré de mi Espíritu, y profetizarán. 19 Y daré prodigios arriba en el cielo, Y señales abajo en la tierra, Sangre y fuego y vapor de humo; 20 El sol se convertirá en tinieblas, Y la luna en sangre, Antes que venga el día del Señor, Grande y manifiesto;

¿QUÉ HECHOS FUERON CAUSADOS POR EL BAUTISMO DEL ESPÍRITU SANTO?

Audacia/Fuerza

Pedro, el mismo hombre que no tuvo el valor de admitir ante una esclava que él era seguidor de Jesús, fue llenado de audacia y se levantó delante de miles de personas y declaró que Jesús es el Hijo de Dios y que todo hombre necesita arrepentirse y regresar a Él.

Un Mensaje de Dios

El Espíritu Santo da una habilidad especial para poder hablar la palabra de Dios a la gente.

Convicción

Esto ocurre cuando el Espíritu Santo está trabajando en el corazón de la persona ayudándole a reconocer sus pecados y pedir perdón. Mientras el mensaje era comunicado, los corazones de las personas fueron conmovidos.

Arrepentimiento

Miles de personas reconocieron sus pecados y la necesidad de Dios en sus vidas porque el Espíritu Santo estaba convenciendo sus corazones y llevándolas a arrepentirse.

Hablar en Lenguas

Todas las personas que se bautizaron en el Espíritu Santo hablaban en diferentes idiomas a medida que el Espíritu Santo les daba las palabras. Muchos de ellos hablaron idiomas que nunca habían aprendido, mas los extranjeros les entendían. Esta señal convenció a muchos de que esto era la obra de Dios.

Milagros

El Espíritu Santo dio a los apóstoles la habilidad especial de hacer muchos milagros para convencer a la gente de que lo que estaba sucediendo era de Dios.

Hechos 2:43 Y sobrevino temor a toda persona; y muchas maravillas y señales eran hechas por los apóstoles.

Esta promesa es para nosotros hoy en día.

Pedro dijo que esta promesa era para ellos, para sus hijos y para aquellos que vivirían muchas generaciones más adelante. Es para toda la gente para siempre. Esto es lo que el Padre ha deseado por mucho tiempo…restaurar para nosotros todo lo que se ha perdido por culpa del pecado y que seamos un pueblo lleno de Su Espíritu, con el mismo poder que ellos experimentaron en Hechos 2.

Hechos 2:39 Porque para vosotros es la promesa, y para vuestros hijos, y para todos los que están lejos; para cuantos el Señor nuestro Dios llamare.

¿QUIÉN PUEDE RECIBIR EL BAUTISMO DEL ESPÍRITU SANTO?

Cualquiera que se arrepienta y sea bautizado

Hechos 2:38 Pedro les dijo: Arrepentíos, y bautícese cada uno de vosotros en el nombre de Jesucristo para perdón de los pecados; y recibiréis el don del Espíritu Santo.

Cualquiera que le pida el Espíritu Santo al Padre

Lucas 11:13 ¿cuánto más vuestro Padre celestial dará el Espíritu Santo a los que se lo pidan?

Cualquiera que reciba el don

"Arrepentíos, y bautícese cada uno de vosotros en el nombre de Jesucristo para perdón de los pecados; y recibiréis el don del Espíritu Santo".

Dios, nuestro Padre Celestial, tiene un buen plan para que regresemos a lo que Él deseaba darle a Adán y Eva. Él quiere poner Su Espíritu Santo EN NOSOTROS para que seamos llenos del poder y fuego y que el Espíritu Santo siga haciendo obras por medio de nosotros. Por favor, pídele a Dios que te de este don este día.

REVISIÓN: ¿QUÉ ES EL BAUTISMO DEL ESPÍRITU SANTO?

1. Jesús nos abrió el camino para:
   a. Vivir para siempre
   b. Volver a recibir las habilidades especiales de Dios a través del Espíritu Santo
   c. Vivir una vida llena de placer y riqueza
   d. Convertirnos en poderosos seres espirituales en la Tierra

2. ¿Qué dijo Jesús que recibiríamos cuando el Espíritu Santo cayera sobre nosotros?
   a. Poder
   b. Ríos de agua viva
   c. La capacidad de ser testigos para el mundo
   d. Todo lo anterior

3. Podemos ser testigos para el mundo sin la ayuda del Espíritu Santo.
   a. Verdadero

b. Falso

4. ¿Cuándo recibieron la promesa los seguidores de Jesús?
   a. Después de 50 días
   b. Cuando estaban todos unidos en un lugar
   c. Después de que Jesús regresó al cielo
   d. Todo lo anterior

5. ¿Qué causó la audacia, los milagros y los mensajes poderosos en las vidas de los seguidores de Jesús?
   a. Que estuvieran borrachos con vino
   b. Que llevaban 3 años con Jesús
   c. Que recibieron el don del Espíritu Santo
   d. Ninguna de las anteriores

6. Este regalo era sólo para los seguidores originales de Jesús, para que tuvieran un buen comienzo.
   a. Verdadero
   b. Falso

7. ¿Quién está calificado para recibir el don prometido del Espíritu Santo?
   a. Quien se arrepienta y sea bautizado
   b. Quienquiera que le pida al Padre
   c. Quien desee recibir este regalo
   d. Todo lo anterior

¿QUÉ DEBO HACER PARA SER SALVO?

¿CÓMO PUEDO SABER SI VOY AL CIELO?

Date cuenta que necesitas ser salvo, Dios está en el cielo y el pecado nos separa de Dios para siempre. Dios no quiere que sigamos separados de Él, por eso Él nos dio a su único Hijo, Jesús, quien pagó el precio por nuestros pecados muriendo en la cruz hace muchos años.

Romanos 3:23 por cuanto todos pecaron, y están destituidos de la gloria de Dios,

Romanos 6:23 Porque la paga del pecado es muerte, más la dádiva de Dios es vida eterna en Cristo Jesús Señor nuestro.

Romanos 5:8 Mas Dios muestra su amor para con nosotros, en que, siendo aún pecadores, Cristo murió por nosotros.

Debemos creer en Jesús y clamar al Dios quien nos creó en el principio y pedirle una relación personal como nuestro Padre, Creador y Señor.

Ezequiel 36:24 Y yo os tomaré de las naciones, y os recogeré de todas las tierras, y os traeré a vuestro país. 25 Esparciré sobre vosotros agua limpia, y seréis limpiados de todas vuestras inmundicias; y de todos vuestros ídolos os limpiaré. 26 Os daré corazón nuevo, y pondré espíritu nuevo dentro de vosotros; y quitaré de vuestra carne el corazón de piedra, y os daré un corazón de carne. 27 Y pondré dentro de vosotros mi Espíritu, y haré que andéis en mis estatutos, y guardéis mis preceptos, y los pongáis por obra.

Juan 3:15 Para que todo aquel que en él cree, no se pierda, mas tenga vida eterna. 16 Porque de tal manera amó Dios al mundo, que ha dado a su Hijo unigénito, para que todo aquel que en él cree, no se pierda, mas tenga vida eterna. 17 Porque no envió Dios a su Hijo al mundo para condenar al mundo, sino para que el mundo sea salvo por él. 18 El que en él cree, no es condenado; pero el que no cree, ya ha sido condenado, porque no ha creído en el nombre del unigénito Hijo de Dios. 19 Y esta es la condenación: que la luz vino al mundo, y los hombres amaron más las tinieblas que la luz, porque sus obras eran malas. 20 Porque todo aquel que hace lo malo, aborrece la luz y no viene a la luz, para que sus obras no sean reprendidas. 21 Mas el que practica la verdad viene a la luz, para que sea manifiesto que sus obras son hechas en Dios.

ORA ESTA ORACIÓN CON NOSOTROS:

Amado Jesús, yo reconozco que he pecado y escogido hacer cosas malas cuando debería de haber hecho lo correcto. Me arrepiento de estos pecados. Deseo y quiero un cambio en mi vida…en este día. Por favor, perdóname y pon tu nuevo corazón y tu nuevo espíritu en mí. Por favor ven, y habita en mi corazón para siempre. Jesús, por favor guíame en tus caminos y ayúdame a complacerte a ti y no al mundo. Llena mi corazón con Tu amor y compasión para mis semejantes y guíame todos los días de mi vida. Amen.

Ahora, busca una iglesia que crea en la Biblia como la Palabra de Dios. Averigua cuales son los siguientes pasos para ser un Cristiano, siguiendo a este hermoso Jesús y conociendo a Dios como tu Padre y siendo guiado por el Espíritu Santo. ¡Dios te bendiga!

SAL Y HAZ DISCÍPULOS

¿QUÉ ES UN DISCÍPULO?

Definición: Un seguidor o alumno de un maestro, creencia o filosofía.

Sinónimos: Seguidor, adherente, creyente, estudiante, alumno, adepto.

Sígueme

Cuando Jesús llamó a sus discípulos, simplemente les dijo, "...Venid en pos de mí, y **os haré** pescadores de hombres". Mateo 4:19

El no dijo, "Sigan sus corazones, confíen en sus instintos, o hagan lo que está en su corazón". Ni siquiera dijo, "Sigan sus sueños". Todos estos son clichés comunes y modernos que nos dicen que tenemos que seguir nuestros sueños e ideas, cada uno haciendo lo que cree que es bueno en sus propios ojos.

Jesús dijo, "Toma tu cruz y sígueme...". Él dijo, "**aprende** de mí, porque mi yugo es fácil y ligera mi carga".

Antes de la creación de las enciclopedias y luego del internet, motores de búsqueda, la Nube en donde uno puede encontrar información sobre todo tema, etc., la sabiduría era pasada de persona a persona de boca a boca y con ejemplos de vida. Existían "Maestros" y profesores; señores que uno podía seguir. Si alguien veía potencial en ti para ser un buen discípulo/seguidor quien pudiese llevar las **enseñanzas** a otros, te permitían aprender de ellos. Así es como difundían sus ideologías y estilos de vida. En ciertos países, todavía existe el concepto del aprendiz que estudia y trabaja bajo un Maestro Artesano. Todavía existen gurús (maestros espirituales) que guían discípulos en el camino espiritual como los de Hare Krishna. Hay otros que siguen las enseñanzas de Mohamed en la religión del Islam y se llaman musulmanes.

TODO O NADA

Jesús también dijo, "...cualquiera de vosotros que no renuncia a todo lo que posee, no puede ser mi discípulo." Lucas 14:33. El nos dice que tenemos que renunciar nuestros propios intereses para poder seguirle a Él. Buscar primero Su Reino.

Formación Practica

Jesús llamo a Sus discípulos que le siguieran y aprendieran Sus caminos que vienen del Padre. Ellos pasaron más de tres años siguiéndolo y aprendiendo de Él. Estos 12 principales seguidores comían juntos, viajaban juntos y dormían juntos. Vieron a Jesús orar, oyeron cuando enseñaba, lo vieron llorar y lo vieron cuando reía. Jesús les enseño a hacer lo que Él hacía, sanar toda forma de enfermedad, echar afuera demonios y como predicar acerca del Reino del Cielo.

Jesús instruyo a Sus discípulos a hacer lo que El Hacia

Un día, después de haber pasado un tiempo, El los mando que salieran a proclamar el mismo mensaje que habían aprendido de Él. Ellos salieron y sanaron enfermos, echaron afuera demonios y confiaron que Dios proveería todas sus necesidades. Los mismos milagros que Jesús hizo, ellos también hicieron. Ellos predicaron el mismo mensaje con los mismos resultados. Los discípulos estaban contentos que la gente sanaba y los demonios estaban sujetos bajo ellos. Más Jesús les dijo que era mejor estar contentos que sus nombres estuvieran escritos en libro de la vida.

Antes de irse Jesús encargo a sus discípulos que alcanzaran todo el mundo con este mensaje.

Cuando Jesús sabía que sería crucificado, El comisiono a sus seguidores que salieran e hicieran discípulos a todas las naciones. Les dijo a sus seguidores que enseñaran todo lo que Él les había enseñado.

Jesús les llamo Sus discípulos, les llamo amigos y luego les llamo hermanos.

La hermosa verdad es que no solo somos llamados a ser sus seguidores sino también somos llamados hijos de Dios. Parte de una familia. Jesús es nuestro hermano. Somos adoptados por nuestro Padre Dios porque Jesús abrió el camino.

"Vosotros sois mis amigos, si hacéis lo que yo os mando." Juan 15:14

Pablo, quien nunca conoció a Jesús en persona, dijo "Sígueme como yo sigo a Cristo".

Lee I Corintios 3:6-21. Aquí Pablo exhortaba que la gente que no siguieran los lideres humanos como hace el mundo. Los lideres humanos son dados por Dios para dirigir gente a Dios Padre. Pablo nos exhorta " Por lo tanto, nadie debe sentirse orgulloso de seguir a ningún hombre, pues todo es de ustedes." (I Corintios 3:21 NBV) Pablo también advirtió a los lideres humanos que tengan cuidado en donde edifican sus fundaciones. Pablo dice en él versículo 23 "Y ustedes son de Cristo y Cristo es de Dios."

Pablo escribió lo siguiente acerca de como debemos ver a los líderes humanos Cristianos:

- Ellos son siervos de Cristo.
- Ellos han sido dados la revelación de la verdad de Dios.

- Ellos son administradores de los misterios que Dios les ha dado para compartir con los demás.
- Se les requiere que sean fieles a servir los seguidores de Cristo (I Corintios 4:2)
- Dios conoce los motivos de sus corazones (I Corintios 4:5)
- Serán juzgados por sus motivaciones (I Corintios 4:5)
- Deben ser Padres no so lo Maestros. "porque, aunque haya diez mil personas más que les enseñen de Cristo, el padre espiritual de ustedes soy yo. Yo los engendré en Cristo por medio del evangelio." (I Corintios 4:15 NBV)
- Sus vidas tienen que reflejar las enseñanzas en todas partes. (I Corintios 4:17)

EL ANTIGUO TESTAMENTO

Ser un seguidor de Dios no comenzó en el Nuevo Testamento. Los libros del Antiguo Testamento registran las historias de personas que fueron buenos y malos ejemplos para nosotros.

Dios dijo estas tristes palabras acerca del Rey Saul, "pues se ha apartado de mí y **no ha llevado a cabo mis instrucciones**". (I Samuel 15:10-11). Dios dijo esencialmente, "porque se ha apartado de seguirme, lo he rechazado como rey y lamento haberlo hecho gobernante de mi pueblo". Por sí solo, ningún hombre tiene derecho a guiar a Sus ovejas, **son Suyas** y Él es el Buen Pastor. **No podemos guiar a otros al menos que personalmente le estemos siguiendo, oyendo y obedeciendo.**

Mientras Moisés guiaba al pueblo en el desierto, ellos tenían el Arca del Pacto, el símbolo de Su presencia, en el centro del campamento. Había una nube de Su presencia durante el día y una columna de fuego durante la noche. Cuando llegaba la hora de mudarse, la nube se levantaba y el pueblo se preparaba para moverse. Ellos seguían la nube. Era su **protección y dirección**. Este es el tipo de Espíritu que guía a los creyentes hoy en día. Otras naciones temían atacarlos debido a la gloria. Los creyentes de hoy día tienen que ser guiados por el Espíritu de Dios. (Romanos 8:14)

Un ejemplo de alguien que obedeció, confió en, y alegró a Dios es Caleb. Él fue un hombre que vivió su vida persiguiendo y creyendo en las promesas de Dios, aunque la mayoría de la gente a su alrededor se permitía dudar, refunfuñar y desobedecer. (Números 32:11)

"Pero a mí siervo Caleb, por cuanto **hubo en él otro espíritu, y decidió ir en pos de mí**, yo le meteré en la tierra donde entró, y su descendencia la **tendrá en posesión**." (Números 14:24)

El hombre Enoc caminó y hablo con Dios. Él le conoció y le amó y un día "desapareció, porque le llevo Dios". (Genesis 5:22-24)

¿CÓMO PUEDES SEGUIR A UN DIOS QUE NO PUEDES VER?

Seguimos las Sagradas Escrituras. Hay mandamientos e instrucciones muy claras en la Biblia para guiar y dirigir nuestras vidas hacia lo que es correcto.

Seguimos la guía y la enseñanza del Espíritu Santo, ya

que nos da una dirección personal y específica si somos sensibles a Él.

Seguimos las enseñanzas de nuestros líderes espirituales, a quienes Dios ha puesto en nuestras vidas para nuestro bienestar.

Seguimos a aquellos que nos han precedido. Podemos tomar ejemplos de personas que Dios ha usado poderosamente. Podemos leer sus libros y entender muchas cosas sobre cómo Dios trabajó con ellos y aplicar esos principios en nuestras vidas.

Como Enoc, podemos caminar con Dios personalmente. Le podemos conocer y oír Su voz. Podemos seguirle todos los días de nuestras vidas. Podemos ser Su discípulo. Podemos ser Su hijo. Podemos ser Su amigo si le obedecemos. Es natural para los creyentes poder oír la voz de Dios y ser dirigidos por el movimiento del Espíritu Santo que vive en ellos.

Algo que está muy cerca del corazón de Dios Padre son las almas de aquellos por quienes Jesús murió. Él quiere que los alcancemos y hagamos discípulos de todo aquel que crea en nuestras palabras.

Salid, predica, enseña y bautiza y haced discípulos de todas las naciones. Mateo 28:19, Marcos 16:15-16

REVISIÓN: SAL Y HAZ DISCÍPULOS

1. ¿Qué es un discípulo?
   a. Un pescador de hombres
   b. Un seguidor o estudiante de un maestro o creencia
   c. Un filósofo erudito
   d. Un profesor de una cierta creencia o filosofía

2. ¿Qué respuesta describe mejor a un discípulo de Jesús?
   a. Haz lo que está en tu corazón
   b. Sigue tus sueños
   c. Sé el mejor tú que puedas ser
   d. Abandona sus propios intereses para seguirlo a Él

3. Los discípulos de Jesús están siendo entrenados para:
   a. Ser buenas personas en este mundo
   b. Hacer lo que Él está haciendo en este mundo
   c. Ser pescadores
   d. Convertirse en grandes líderes en este mundo

4. ¿Quién dijo Jesús que se suponía que haría milagros y enseñaría Su mensaje al mundo?
   a. Solamente los 12 apóstoles
   b. Todos los que lo vieron vivo y amaron Su mensaje
   c. Todos aquellos que creyeron
   d. Ninguna de los anteriores

5. Pablo, que escribió gran parte del Nuevo Testamento, nunca conoció a Jesús
   a. Verdadero
   b. Falso

6. Ser un seguidor de Dios comenzó en el Nuevo Testamento.
   a. Verdadero
   b. Falso

7. Podemos caminar con Dios por nosotros mismos
   a. Verdadero
   b. Falso

8. Podemos seguir a Dios aunque no lo veamos:
   a. Siguiendo las escrituras
   b. Siguiendo la guía del Espíritu Santo
   c. Siguiendo a los líderes espirituales piadosos y a aquellos que han vivido sus vidas siguiendo a Dios
   d. Todo lo anterior

RESPUESTAS A LAS REVISIONES

¿Quién es Dios?
1. Verdadero
2. conocer, queremos
3. pensamos, damos, cuenta, imagen
4. Verdadero
5. b. entendamos Sus caminos y Sus mandamientos
6. preparó, mostrándoles
7. Verdadero
8. Es luz

¿Por qué Dios creó a la gente?
1. c
2. b
3. a
4. d
5. a
6. a

¿Qué es el Pecado?
1. Falso

2. enfermará
3. imagen, semejanza, arriba, abajo
4. nombre, Dios, inocente, vano
5. acordéis, todos, obra, corazón, ojos
6. Verdadero
7. Falso
8. Verdadero
9. Verdadero
10. Verdadero
11. c
12. fornicación lascivia, enemistades, iras, disensiones, envidias, borracheras, practican, tales, cosas, heredarán
13. creados
14. a y b

¿Quién es Jesús?
1. hijo
2. tierra
3. Hombre, salvar
4. Sumo, pecados
5. andamos, Él, comunión, sangre, limpia
6. Salvador
7. creen, potestad, hijos
8. carne

¿Qué es el Arrepentimiento?
1. pecaron, destituidos, gloria
2. d
3. Falso
4. tristeza, hacer
5. arrepentido
6. puro, verán

7. ignorando, a, tu, manera, Dios, dice, orar, perdón, empezar, vida

¿Qué es la Salvación?
1. aceptar
2. pecado, separó, descendientes
3. pecado, infierno, llaves, separan, recibirla
4. en, Cristo, criatura, es, pasaron, nuevas
5. confesares, Jesús, señor, creyeres, corazón, levantó, salvo
6. Verdad, luz
7. Salvación, permitir, guie
8. andamos, sangre, confiesa
9. recayeron, arrepentimiento, exponiéndole, vituperio

¿Qué es el Bautismo en Agua?
1. b, bautismo en agua
2. destruye, pecadora, reemplaza, victoriosa
3. Verdadero
4. intercambiamos, pecadora, nueva
5. Verdadero
6. cualquiera que crea que Jesús es el hijo de Dios y que murió por nuestros pecados

¿Quién es el Espíritu Santo?
1. d
2. a
3. c
4. Verdadero
5. d
6. Verdadero
7. Verdadero
8. Verdadero

¿Qué es el Bautismo del Espíritu Santo?

1. a
2. d
3. Falso
4. b
5. c
6. Falso
7. d

Sal y haz Discípulos
1. b
2. d
3. b
4. c
5. Verdadero
6. Falso
7. Falso
8. d

AGRADECIMIENTOS

Hay muchos que forman parte de este manual; muchos autores y editores, transcriptores y artistas. Ha llevado más de 40 años escribir este manual.

Gracias a todos:
"6 Yo sembré, Apolos regó, pero Dios ha dado el crecimiento. 7 Así que no cuenta ni el que siembra ni el que riega, sino solo Dios, quien es el que hace crecer. 8 El que siembra y el que riega están al mismo nivel, aunque cada uno será recompensado según su propio trabajo."
1 Corintios 3:6-8 (NVI)

SOBRE LA AUTORA

Para aquellos de ustedes que se preguntan y están interesados en saber más. ¿Recuerdan cuando la Rev. Agnes I. Numer compartió algo sobre una escuela y una universidad?

Bueno...

Estuve con Agnes en las Filipinas en los años 90. Estaba sentada con unos 8 hombres, todos ellos líderes de Escuelas Bíblicas y ministerios de liderazgo en Filipinas. Cuando compartió con ellos que iba a construir un centro de entrenamiento en las Filipinas, todos dijeron: "Hermana Agnes, le pedimos que considere tener un equipo móvil de entrenamiento, para que todos nuestros ministerios se beneficien de su currículo".

Durante años fuimos a diferentes Escuelas Bíblicas y organizaciones en Filipinas trabajando con el Asian Center for Missions and Tribes y Nations Outreach compartiendo los principios que Dios nos dio a nosotros y a través de Agnes, enseñanzas tanto espirituales como naturales tales como: cómo ser bautizado en el Espíritu Santo, cómo mantenerse sano en los viajes misioneros, cómo criar conejos y cómo fluir juntos y amarse con el amor de Dios.

Muchos de ustedes saben que estuve muy enferma durante muchos años. Un día, unos meses antes de que Dios me curara, me habló y me dijo: "Teresa, te has equivocado. Has estado tratando de entrenar a cada persona que entró por la puerta". Intentaba entrenar a los que no querían ser entrenados, a los que no tenían oídos para oír, corazón para recibir y corazón para obedecer.

Entonces, Dios me hizo leer:

2 Timoteo 2:2 "Lo que has oído de mí ante muchos testigos, esto encarga a hombres fieles que sean idóneos para enseñar también a otros."

Yo había clamado al Señor y habíamos trabajado con tantos, pero muy pocos llevaron lo que aprendimos a las Naciones. Me pareció injusto lo ilusa que fui. Dios dijo: "Yo te entrené... ¿no es así?". De repente me di cuenta de lo difícil que era entrenarme... miles de personas después... Definitivamente me arrepentí y fui todo oídos. "Bien, Señor, ¿qué estás haciendo?". Ese fue el comienzo. El comienzo de donde estamos ahora.

Poco antes de mudarnos, el Señor me dijo que yo construiría la escuela. No, no sería una escuela de ladrillos sino una escuela móvil. No, no sería para los que no estén interesados, seria para los que si lo estén... para los que tienen oídos para oír, un corazón para recibir, un corazón para obedecer. ¿Recuerdas esto?

Habacuc 2:2 "Y Jehová me respondió, y dijo: Escribe la visión, y declárala en tablas, para que corra el que leyere en ella".

Esta escritura ha resonado en mi interior durante muchos, muchos años. Empezamos con entrenamiento por pasos, pero ahora debemos darnos cuenta de que es el momento. Tiempo de leer la visión y correr con ella... ¿alguna vez has pensado que a finales del siglo VII a.C., cuando se escribió el libro de Habacuc no había ni iPads ni e-readers? Este currículum fue hecho para la "tableta" de hoy en día. Hemos añadido videos que pueden verse en tabletas. Ahora con un par de cables, alguien en África puede usar la tableta para tener su propia Escuela Bíblica y Centro de Entrenamiento.

Nos centramos en la multiplicación. Estamos envejeciendo y el tiempo se nos escapa. Que difundamos esta verdad tan lejos y tan rápido como Dios lo permita, dando a los pastores y líderes laicos la oportunidad de enseñar a su gente.

¿En qué consiste el plan de estudios?

Como hemos trabajado con tantas Escuelas Bíblicas, nuestro objetivo no será duplicar una Escuela Bíblica regular con homilética y hermenéutica... Nuestra meta se basa en:

"Lo que me has oído decir en presencia de muchos testigos, encomiéndalo a creyentes dignos de confianza, que a su vez estén capacitados para enseñar a otros". 2 Timoteo 2:2 (NVI)

Lo que Dios nos enseñó a través de Agnes y por Su Espíritu: cómo "sacar la basura de nuestras vidas", cómo escuchar Su voz, cómo amar a las naciones con Su amor y cómo dejar que Él nos lleve a las Naciones.

Para otros estas eran "sólo cosas comunes". Para mí fue un salvavidas. Nunca lo habría logrado, nunca habría servido a Dios y vivido lo que he vivido sin lo que Dios nos dio a través de Agnes y también lo que nos dio como resultado de que ella enseñara cómo escucharlo.

No podría haberlo hecho: sin que lo Natural y lo Espiritual fluyeran en conjunción... Sin que Jesús nos envíe devuelta al Padre... Sin sus Actitudes. Nunca hubiera estado en mi sano juicio sin la revelación de Isaías 26, y cómo Dios mismo, nos hizo una nueva criatura, libre de los antiguos señores.

Mientras viajo por el mundo, veo a pastores y líderes luchando con lo que deben enseñar a su gente. Tal vez nunca han tenido entrenamiento en una Escuela Bíblica... y tal vez nunca puedan costearlo.

Agradezco la oportunidad de haber vivido esta experiencia que me cambió la vida y ahora, miles de horas, muchos autores, editores, artistas y voluntarios más tarde, estamos ofreciendo este simple Evangelio al mundo.

Tenemos claro que esta es la primera edición. Seguimos haciendo videos para acompañar la enseñanza. Es simple, porque la Rev. Agnes siempre ministró la simple pero profunda verdad del Evangelio.

Nuestro clamor es que Dios te lea esto... que te imparta Su Evangelio en tu corazón y que te entrene, que experimentes la libertad, el poder de la paz y la capacidad de demostrar Su amor a las Naciones.

Que todos trabajemos juntos mientras haya tiempo... para que sólo Él sea glorificado.

"Y será predicado este evangelio del reino en todo el mundo, para testimonio a todas las naciones; y entonces vendrá el fin". Mateo 24:14

Deja que Jesús te lleve a las Naciones...

Teresa Skinner
Directora del Proyecto

www.ingramcontent.com/pod-product-compliance
Lightning Source LLC
Chambersburg PA
CBHW052155110526
44591CB00012B/1965